기업의 미래를 결정하는 유전자

리질리언스

리질리언스

초판 1쇄 발행_ 2016년 3월 25일
초판 5쇄 발행_ 2016년 6월 23일

지은이_ 삼정KPMG 경제연구원
펴낸이_ 이성수
주간_ 박상두
편집_ 황영선, 이홍우, 박현지
디자인_ 고희민
마케팅_ 이현숙, 이경은
제작_ 박홍준

펴낸곳_ 올림
주소_ 03186 서울시 종로구 새문안로 92 광화문오피시아 1810호
등록_ 2000년 3월 30일 제300-2000-192호(구:제20-183호)
전화_ 02-720-3131
팩스_ 02-720-3191
이메일_ pom4u@naver.com
홈페이지_ http://cafe.naver.com/ollimbooks

값_ 15,000원
ISBN 978-89-93027-81-5 03320

RESILIENCE

리질리언스

기업의 미래를 결정하는 유전자

삼정KPMG 경제연구원

예측 불허의 시대,
인(認)·극(克)·행(行)으로 돌파하라!

올림

생존과 성장의 유전자를 밝힌 책!

세계 경제가 저성장의 늪에서 헤어나지 못하고 있다. 소득불균형 문제가 국제 금융과 자원 시장의 혼란을 가중시키고, 심화되는 국가 이기주의를 배경으로 종교와 영토를 둘러싼 지정학적 갈등이 불확실성을 배가하고 있다. 이제는 '저성장의 장기화'라는 현실을 인정하고 미래를 열어갈 새로운 경영 전략의 수립과 실행에 집중할 때다.

복잡하고 불확실한 경영환경과 불투명한 미래 앞에서 기업의 고민은 그 어느 때보다 깊어졌다. 상시적인 위기와 증가되는 리스크를 관리해야 할뿐더러 미래의 성장 동력도 확보해야 한다. 미래를 정확히 예측할 수 있다면 좋겠지만, 혼돈의 시대에 명확한 해답을 찾기란 거의 불가능에 가깝다. 이런 가운데 삼정KPMG 경제연구원이 기업의 생존과 성장을 위한 유전자를 찾아 나섰다.

삼정KPMG 경제연구원은 2004년 설립 이후 회계컨설팅법인 삼정

KPMG의 싱크 탱크(think tank)로서 기업들의 고민과 과제 해결을 위한 연구를 효과적으로 수행해왔다. 세계 경제와 한국 경제에 대한 치밀한 분석을 토대로 글로벌 경영에 필요한 차별화된 지식과 정보를 제공하고, 성공하는 경영 전략의 수립과 실행 방안을 제시하는 데 앞장서왔다. 시의적절한 주제와 충실하고 이해하기 쉬운 내용으로 의미 있는 성과물들을 내놓아 시장의 호응을 이끌어냈다. 이번에도 큰 반향이 기대되는 '작품'을 만들어냈다.

《리질리언스: 기업의 미래를 결정하는 유전자》는 기업들이 저성장의 늪에서 빠져나와 성장의 바다로 나아가기 위해 키워야 할 역량을 제시한 책이다. 기업이 당면한 위기를 극복하고 보다 나은 미래를 만들어가기 위해서는 무엇보다 '리질리언스(resilience)'를 갖추어야 한다. 특히 예측 불허의 카오스(chaos) 시대에는 위험에 빠진 비즈니스를 신속히 정상화하고 계속해서 성장해나갈 수 있는 힘이 기업의 운명을 결정한다. 기업이 이와 같은 리질리언스를 구축하려면 3가지 요소에 집중해야 한다. 위험을 감지하고 미래를 읽어내는 '인지(認知)', 위기를 돌파하는 '극복(克復)', 빠르고 과감하게 움직이는 '행동(行動)', 즉 '인(認)·극(克)·행(行)'이다.

좀처럼 회복 기미를 보이지 않는 경제와 복잡한 경영 여건에서 기업이 사는 길은 이전과 다른 인사이트를 가지고 선제적으로 미래를 준비하는 것이다. 그런 의미에서 이 책은 매우 적절한 시점에 나왔다고 할 수 있다. 위기에 대한 대응력과 새로운 기회 창출이 절실한 상황에서 우리 기업들이 나아가야 할 방향과 성장의 비결을 알려주고 있기 때문이다. 오늘날에 꼭 필요한 기업 경영의 나침반 같은 책으로, 기업의 CEO를 비롯한 임직원들, 정부의 정책 입안자들, 국가 경제를 걱정하는 일반 독자들에게 위기를 기회로 전환하는 능력과 어려움을 이겨내는 용기를 불어넣어줄 것이라 믿는다.

국내외 사례 연구를 바탕으로 우리 기업들에 통찰력을 제공하기 위해 불철주야 노력하는 삼정KPMG 경제연구원에 찬사와 격려를 보낸다.

진념
전 경제부총리

기업의 리질리언스를 결정하는 힘

/

《주역》에 '자강불식 후덕재물(自强不息 厚德載物)'이라는 말이 있다. '스스로 강해지기 위해 쉬지 않고 움직이며, 깊고 두터운 덕으로 만물을 포용한다'는 뜻이다. 본래 하늘의 운행을 일컫는 말로, 사람도 이를 본받아 끊임없이 노력해야 원하는 바를 이룰 수 있다는 의미를 내포하고 있다. 기업도 마찬가지다. 계속해서 미래를 준비하는 기업만이 성장의 모멘텀을 유지해나갈 수 있다. 오늘날처럼 급변하는 경영 환경과 끝이 보이지 않는 저성장기에는 더욱 그렇다.

최근과 같이 불확실성과 복잡성이 그 어느 때보다 커지는 상황에서 온갖 변화와 문제에 효과적으로 대응하려면 이전과는 다른 전략을 수립하고 실행해야 한다. 급속한 변화의 흐름을 기민하게 파악하여 위험 요소를 가려내고 새로운 기회를 선제적으로 창출해야 한다. 그만큼 기업의 유연성과 의사결정 속도가 절대적으로 필요하다.

이 책은 삼정KPMG 경제연구원이 《주식회사 대한민국, 이제 다시 시작이다》(2009)를 시작으로 《주식회사 대한민국, 이제 위대한 성장이다》(2010), 《주식회사 대한민국, 다가올 10년을 말한다》(2011), 《승자의 법칙, 이노베이션》(2012)과 《시장은 살아 있다: 이머징마켓 소비트렌드》(2012), 《저성장 시대, 승자와 패자》(2013)에 이어 일곱 번째로 집필한 경영서로, 예기치 못한 위기를 맞았을 때 적극적으로 극복할 수 있는 힘인 '리질리언스(resilience)'에 주목한다. 한번 시련을 이겨낸 사람은 이후에 또 다른 시련이 닥쳐도 능히 극복하고 보다 빠르게 원래의 상태로 돌아간다. 위기를 넘긴 기업 역시 더욱 수월하게 이후의 위기들을 헤쳐나간다. 위기 관리에 뛰어난 기업이 되어 더 큰 성장을 이루기도 한다. 한마디로 리질리언스가 강한 기업이라고 할 수 있다.

리질리언스 기업들이 공통적으로 보유한 핵심 역량이 있다. '인(認)·극(克)·행(行)'이다. 비즈니스 환경 변화를 인지(認知)하고, 위기를 극복(克復)하고, 전략을 행동(行動)으로 옮기는 데 탁월한 모습을 보여준다. 지금 우리 기업들에 절실한 역량이 아닐 수 없다.

《리질리언스: 기업의 미래를 결정하는 유전자》는 삼정KPMG의 싱크 탱크인 삼정KPMG 경제연구원이 전 세계와 국내의 산업 동향을 관찰하고 분석하며 대안을 모색해온 열정의 산물이다. 어려운 국내외 현실에서 새로운 미래를 만들어나가기 위해 애쓰고 있는 기업들에 필요한 인사이트와 정보를 제공하는 일에 최선을 다하고 있는 삼정KPMG 경제연구원에 아낌없는 격려를 보낸다. 더불어 이 책을 집필하는 데 혼신의 힘을 다해준 삼정KPMG 경제연구원의 김범석 원장과 이광열 상무, 연구원들의 노고에 감사의 말씀을 드린다.

이 책의 기획 의도처럼, 우리 기업들이 어떤 위기 상황에서도 굴하지 않고 지속성장해나가는 역량을 갖출 수 있기를 바라는 마음 간절하다. 이 책이 안개 자욱한 우리 경제의 앞길을 비추어주는 등대로, 불확실성의 장벽을 뛰어넘을 수 있게 하는 발판으로 기업들에 도움이 되기를 바란다.

김교태
삼정KPMG CEO

카오스 시대, 무엇이 기업의 미래를 결정하는가

    우리를 둘러싼 경제와 경영 환경이 갈수록 빠르고 복잡하게 변화하고 있다. 자율주행 자동차, 전기/수소 자동차, 사물인터넷(IoT), 인공지능(Artificial Intelligence), 가상현실(Virtual Reality), 로봇 등의 첨단기술들이 변화를 주도하며 4차 산업혁명을 눈앞에 펼쳐나가고 있다. 지난 20여 년간 세계 경제의 성장과 저물가를 주도해온 중국은 2015년 이후 성장률이 6%대로 둔화되고 있고, 완만한 회복세를 보이는 미국과 유럽 등 선진국의 경기 역시 하방 압력에 대한 불안감을 떨치지 못하고 있다. 여기에 2014년부터 하향 곡선을 그리기 시작한 유가가 배럴당 30달러까지 떨어지면서 중동을 비롯한 산유국들의 재정 수입이 급감하여 세계 경제의 동력을 떨어뜨리고 있으며, 이들을 대상으로 한 우리나라의 상품 수출과 건설 수주 역시 감소하고 있다.

    삼정KPMG 경제연구원은 이와 같은 최근의 세계 경제 상황과 기업의 비즈니스 환경을 '카오스(CHAOS)'로 정리했다. 세계 각국에서 벌어지는 대형 사건과 기업에서 일어나는 크고 작은 문제 등 다양한 이슈들이 상호작용을 일으키며 경영환경의 복잡성(Complexity)을 심화, 확대시키고 있다. 또한 첨단기술(High Technology)의 영향이 전 사회 분야로 확산되면서 기업 경영의 핵심 고려사항이 되고 있다. 이에 따라 기업들은 수시로 발생하는 과제와 다양한 소비자들의 요구에 민첩(Agility)하게 대응하며 차별화된 비즈니스모델을 찾아야 한다. 한편 세계 경제는 이미 개방성(Openness)과 성장 둔화(Slowdown)의 흐름이 대세로 자리를 잡아가고 있다.

이러한 카오스의 시대에 우리 기업들이 위기를 기회로 바꾸어 미래에도 살아남는 것은 물론, 시장의 선두 주자가 될 수 있도록 방향을 제시하고, 그에 맞는 역량을 갖추는 데 도움을 주기 위해 이 책을 기획했다.

기업이 미래를 예측하고 준비하기 위한 노력은 두말할 필요도 없이 중요하다. 하지만 이것만으로는 충분하지 않다. 예측이 빗나가 그간의 노력이 물거품이 되거나, 미처 예측하지 못한 상황이 발생하여 한순간에 기업이 위험에 빠지는 경우가 수시로 생기기 때문이다. 예측 불허의 상황에 대비하고 당면한 어려움을 극복해낼 수 있는 역량을 갖추지 않으면 안 된다. '리질리언스(resilience)'에 주목해야 할 이유가 여기에 있다.

우리는 이 책에서 리질리언스를 '원래의 상태로 회복하는 수준을 넘어 위기 이전보다 더 강한 경쟁력을 갖게 된다'는 뜻으로 사용했다. 외부 충격을 받은 스프링이 강한 활력으로 반응하며 원래보다 더 튀어 오르는 것과 같이, '바운스 백(bounce back)'에 그치지 않고 '바운스 포워드(bounce forward)'로 도약하는 역동성을 강조했다. 또한 리질리언스를 구성하는 핵심 요소로 인(認)·극(克)·행(行) 3가지를 제시하고, 그와 같은 역량을 갖추기 위해 무엇을 어떻게 해야 하는지를 분석했다. 미래를 보다 정확하게 예측하는 인지력(認知力), 도전과 위기가 닥쳤을 때 이를 이겨내고 더 성장하는 극복력(克復力), 목표와 전략을 위해 빠르고 과감하게 움직이는 행동력(行動力)의 의미와 실제 적용 방법을 제시하는 데 초점을 맞추었다. 그리고 이 3가지 역량을 바탕으로 성공 스토리를 써나가고 있는 해외 및 국내 기업들의 사례를 구체적으로 소개하여 인·극·행의 의미를 쉽게 이해할 수 있도록 했다.

삼정KPMG 경제연구원은 2012년 《승자의 법칙, 이노베이션》을 발간하여 글로벌 저성장 시대에 한국 기업들이 발 빠른 추격자(fast follower)가 아닌 혁신적 선도자(innovative mover)로 전환할 것을 조언한 바 있다. 또한 2013년에는 《저성장 시대, 승자와 패자》를 통해 복잡한 환경을 타파할 수 있는 방법을 제시하기도 했다. 이 책은 그 연장선에서 '기업의 미래를 결정하는 유전자, 리질리언스'를 다루고 있다.

우리는 이 책을 준비하면서 리질리언스의 발현에 필수적인 집단지성을 실제로 실험해보기도 했다. 연구원들이 자유롭고 활발하게 참여하고 수평적으로 진행함으로써 집단지성이 최대한 발휘되도록 노력했다. 시행착오도 없지 않았으나 의미 있는 성과가 있었고, 집단지성의 가치를 느끼고 배울 수 있는 좋은 기회가 되었다.

이 책을 기획하고 준비하는 과정에서 많은 분들의 도움을 받았다. 먼저, 부족한 내용에도 불구하고 기꺼이 검토해주시고 고견을 들려주심은 물론, 추천의 말까지 써주신 진념 전 부총리님께 깊은 감사의 말씀을 드린다. 항상 격려와 지지를 아끼지 않는 삼정KPMG의 김교태 CEO님께도 감사드린다. 이 책을 위해 다양한 아이디어를 내준 삼정KPMG 임직원들에게도 감사의 마음을 전한다. 처음부터 책의 주제와 집필 방식에 대해 깊이 연구해온 이광열 상무를 비롯하여 몇 달 동안 저녁시간과 주말을 포기하고 책의 구성과 자료 수집, 원고 작성의 모든 과정에서 열과

성을 다해준 이효정·조진희 수석연구원, 임두빈·이창헌·이승재 책임연구원, 박도휘·김수경 선임연구원, 강민영·김주형·엄이슬·이광용·조민주 연구원의 노고에 깊은 감사의 마음을 전하며, 이러한 노력과 팀워크를 바탕으로 책을 발간하게 된 것을 함께 축하하고 싶다. 책을 깔끔하고 품위 있게 만들어준 올림출판사에도 깊이 감사드린다.

이 책이 조금이라도 도움이 되어 우리 기업들이 복잡하고 어려운 글로벌 경영환경을 극복함은 물론, 세계 시장에서 새로운 기회를 창출하고 새로운 판을 짜는 '게임 체인저(game changer)'로 우뚝 설 수 있기를 소망한다.

필진을 대표하여
김범석
삼정KPMG 경제연구원 원장

차례

1
지구는 지금 몇 시인가
급변하는 글로벌 환경과 리스크

2
내일은 해가 뜰까
성장 패러다임의 전환

3
지금, 우리 기업에 절실한 것은
카오스를 이기는 '리질리언스'

4
원하지 말고 나서라
미래예측과 인(認)·극(克)·행(行)

5
알면 대응할 수 있다
인지력(認知力)

8
100년 후
기업의 미래

1

지구는 지금 몇 시인가

급변하는 글로벌 환경과 리스크

흔들리는 '세계는 하나'

/

글로벌 정치환경

1985년 1월, 마이클 잭슨을 주축으로 스티비 원더, 밥 딜런, 케니 로저스 등 당대를 대표하는 미국의 팝스타 45명이 'USA for Africa(아프리카를 위하여)'라는 그룹을 결성했다. 당시 기근으로 고통받던 에티오피아, 수단 등 아프리카 지역의 어린이를 위한 헌정 음반을 제작하기 위해서였다. 이들이 부른 'We are the World(세계는 하나)'는 발표되자마자 미국을 비롯한 여러 나라에서 음반차트 1위를 차지했을 뿐만 아니라, 전 세계적으로 2억 달러를 모금하여 '세계는 하나'라는 슬로건을 실현한 상징적인 사건으로 기억되고 있다.

'이러한 세계화(globalization)의 추세는 1980년대 말 이후 '탈냉전 시대(Post-Cold War Era)'를 맞이하여 본격화되었으며 오늘날까지도 그 명맥이 이어지고 있다. 냉전시대의 붕괴로 군사 및 이데올로기적 긴장이 완화되면서 정치·경제·사회·문화에서의 장벽이 허물어지고 세계화의 발판이 형성될 수 있었다. 이를 토대로 미국, 유럽, 일본 등 선진국의 다국적 기업들을 중심으로 세계화가 빠른 속도로 진행되었다.

세계를 위협하는 국가 이기주의의 힘겨루기

하지만 최근의 세계화는 다른 양상으로 전개되고 있다. 중국 경제의 급격한 성장에 따라 세계 질서의 중심이 미국에서 미국과 중국의 양강체제로 재편되고 있다. 또한 높은 경제성장률과 교역량 증가로 세계 시장에서 신흥국의 영향력이 점차 커지고 있다. 이러한 상황에서 글로벌 경제위기 이후 주도권 확보와 국익 극대화를 위해 세계 각국은 저마다 경제 영토를 확장하는 등 국가 간, 지역 간 힘겨루기가 심화되는 모습을 보이고 있다.

경제 영토 확보를 위한 국가 간 주도권 다툼뿐 아니라 테러와 영토 분쟁 문제도 심화되고 있다. 그동안 국제 테러의 중심이었던 알카에다(Al-Qaeda)에 이어 최근에는 수니파 무장단체인 이슬람국가(IS, Islamic State)가 테러의 주축으로 떠오르면서 전 세계를 공포로 몰아넣고 있다. 특히 이전의 이슬람 테러 조직과는 달리 IS는 스스로 국가라 칭하며 인력, 자금, 군사력까지 모두 갖춘 형태의 조직으로 진화하고 있다. 이들은 프랑스 파리에서 폭탄 테러를 자행하고, 러시아 여객기를 격추하는 등 자신들의 힘을 과시하며 국제사회의 질서를 무너뜨리고 있다.

또한 2014년부터 이어져오고 있는 러시아-우크라이나 사태는 러시아와 친(親)서방 세력이 대립하는 새로운 냉전시대의 형국을 만들고 있다. 과거 구(舊)소련의 힘을 회복하려는 러시아와 경제적으로 고립시켜 이를 견제하려는 서방 국가의 대립은 크림반도의 화약고처럼 언제든 터질 수 있는 위협이 되고 있다.

아시아 지역에서는 중국이 한국, 일본 등의 동아시아 국가뿐만 아니라 남중국해 영유권을 놓고 필리핀, 베트남 등의 동남아시아 국가들과 분쟁을 벌이고 있다. 또한 쿠릴열도를 둘러싼 일본과 러시아의 영토 분쟁, 인도와 파키스탄의 대립, 북한의 핵 문제 역시 아시아의 갈등 요소다.

이 밖에 중동(Middle East)과 북아프리카(North Africa), 즉 메나

세계 주요 분쟁 지역

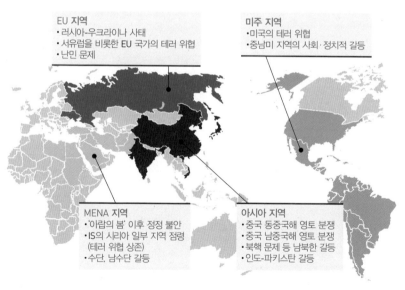

EU 지역
• 러시아-우크라이나 사태
• 서유럽을 비롯한 EU 국가의 테러 위협
• 난민 문제

미주 지역
• 미국의 테러 위협
• 중남미 지역의 사회·정치적 갈등

MENA 지역
• '아랍의 봄' 이후 정정 불안
• IS의 시리아 일부 지역 점령
  (테러 위협 상존)
• 수단, 남수단 갈등

아시아 지역
• 중국 동중국해 영토 분쟁
• 중국 남중국해 영토 분쟁
• 북핵 문제 등 남북한 갈등
• 인도-파키스탄 갈등

출처: 삼정KPMG 경제연구원

(MENA) 지역의 정정 불안도 여전히 계속되고 있다. 리비아, 이집트, 모로코 등에서 민주화를 억압했던 독재 세력들은 모두 물러났지만, 아직까지 관련 세력들이 새롭게 집권한 정부와 대립하며 갈등이 지속되고 있다.

이처럼 세계 질서는 국가 간, 권역 간 갈등이 깊어지는 기운데 경제적으로 자국의 이익을 우선시하는 국가 이기주의가 팽배한 실정이다. 이러한 흐름을 예의주시하지 않고 위험에 대처하지 못하는 국가는 언제든 무너질 수 있다.

G2 리스크의 확산

/

글로벌 경제환경

중국은 1978년 덩샤오핑이 개혁·개방 정책을 본격적으로 시행한 이후 눈부시게 성장해왔다. 특히 정부가 전략적으로 지원해온 철강·조선·에너지·자동차 분야의 국유기업들은 놀라운 성장세를 구가하며 세계 유수 기업들과 어깨를 나란히 하게 되었다. 미국의 경제전문지 〈포춘(Fortune)〉이 발표한 2015년 글로벌 500대 기업에서 중국 기업은 전년 대비 6개가 늘어난 106개로, 미국에 이어 세계 2위 자리를 차지했다. 이처럼 중국은 세계 경제의 한 축을 담당할 정도로 위상이 높아졌다.

그러나 빠르게 성장하는 과정에서 부작용도 나타나고 있다. 제조업과 부동산, 인프라 등 고정자산(fixed asset)에 대한 투자의 비효율성이 과잉설비 문제를 초래한 것이 대표적이다. 중국인민은행과 통계청이 발표한 2014년 제조업지수에서 제조업 전체의 설비가동률이 80%를 기록했다. 아직은 과잉설비 여부를 판단하는 글로벌 기준인 75%를 상회하는 수준이지만 상당히 근접한 것이 사실이다. 게다가 제조업의 핵심인 철강·비철금속·자동차·일반장비·전자기기·화학제품 등에서는 설비가동률이 75%를 하회하여 과잉설비 문제가 심각한 상태에 이르렀다.

지방정부와 국유기업의 과도한 부채 역시 중국 경제의 뇌관으로 작용하고 있다. 중국 등 신흥국들의 경제 및 산업 정보를 제공하는 글로벌 데이터베이스인 CEIC(China Economic Information Center) 자료에 따르면, 2015년 중국의 기업부채 비율은 GDP 대비 179%에 이를 것으로 추정된다. 더욱이 정부·가계·기업 부채를 모두 합한 총부채비율은 GDP 대비 251%로, 미국의 GDP 대비 총부채비율 231%를 넘어설 전망이다. 국제신용평가기관인 S&P(Standard & Poor's)의 조사 결과에서도 중국

중국 GDP 대비 부채비율 추이

출처: CEIC

의 기업부채는 2015년부터 2019년까지 연평균 16.1% 증가할 것으로 나타나 전 세계에서 가장 빠른 증가 속도를 보일 것으로 예측되고 있다.

물론 이러한 부작용은 어느 정도 예상된 것이기도 하다. 부작용의 발생 정도가 중국 정부의 예상과 다를 수는 있지만 계획된 발전 단계에서 나타나는 과도기적 현상일 수 있다. 실제로 중국 정부는 현 시점을 양적 성장에서 질적 성장으로 전환하는 과도기로 규정하면서 비효율적 투자에 따른 문제점을 해결하고 지속가능한 성장을 도모하기 위한 개혁을 실시하고 있다. 국유기업 개혁, 금융시장 개방과 그림자금융 억제를 통한 금융 개혁, 제조업 고도화를 통한 효율성 제고 등을 통해 '소강(小康)사회(인간적 삶이 가능한 풍족한 사회)'에서 '대동(大同)사회(모두가 행복한 공동체사회)'로 가기 위한 계획을 실행에 옮기고 있는 것이다.

하지만 과도기적 조정이라 하더라도 현재 중국 경제에서 나타나는 성장 속도의 둔화는 세계 경제에 심각한 영향을 미칠 수 있다. '중국이 기침하면 세계가 몸살을 앓는다'는 말이 있을 정도로 중국발 경제위기가 미치는 파급 효과는 상당할 수밖에 없다. 중국 경제의 성장 전환에 따라 상품과 에너지, 원자재의 수요가 줄어들 것이기 때문이다. 일차적으로는 대중국 수출 의존도가 높은 국가와 외부 충격에 취약한 신흥국이 직접적인 타격을 받겠지만, 종국에는 글로벌 경제위기로 전이되면서 완만한 회복세를 보이고 있는 미국, 유럽연합(EU) 등 선진국 경제에도 악영향을 미치게 될 것이다.

불확실한 시장의 최대 불안 요소

위와 같은 상황에서 미국 중앙은행인 연방준비제도(FRS)가 2015년 12월 15~16일 개최된 연방공개시장위원회(FOMC) 정례회의에서 기준 금리를 기존의 0.00~0.25%에서 0.25~0.50%로 0.25%포인트 상향 조정하기로 결정했다. 이에 따라 2008년 금융위기 이후 약 7년간 지속된 0.00~0.25%의 제로(0)금리 시대가 마감되었다. 연방공개시장위원회의 금리인상은 고용, 인플레이션 등의 측면에서 미국 경제가 견고한 회복세를 보이고 있다는 판단에 기초한 결정이었다.

일각에서는 그동안 미국의 금리인상 시기가 시장의 최대 불확실성으로 여겨진 만큼 이번의 결정이 세계 경제에 긍정적인 방향으로 작용할

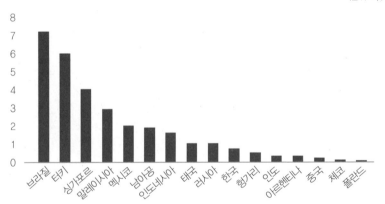

국가별 GDP 대비 기업부채비율 증가폭

(단위: %p)

주: 2009년 대비 2014년 기준
출처: 국제결제은행(BIS), 국제금융협회(IIF)

것으로 보고 있다. 하지만 한편에서는 금리인상의 여파로 신흥국을 중심으로 자본 유출이 촉발될 경우 1995년과 1997년에 발생한 중남미 외채위기 및 아시아 외환위기와 같은 환율 급등이나 금융 불안이 재발할 가능성이 있다며 우려를 표명한다. 특히 기업의 부채 의존도가 높고 경제 성장 및 정책 대응 여력이 취약한 신흥국일수록 미국 금리인상의 부정적 영향이 두드러질 우려가 있다.

위기를 가중시키는 **소득불균형**의 심화

/

글로벌 사회환경

글로벌 경제는 중장기적으로 꾸준히 성장해왔으나 분배 문제에서는 여전히 지지부진한 상태를 보였다. 그러다가 최근 들어 분배의 불평등 정도가 심해지고 이에 따른 사회적 비용이 상승하면서 국제사회의 문제로 대두되기 시작했다. 경제 불평등이 심화된 결과로 저소득층의 건강이 악화되고 생산성이 떨어지면 경제 성장이 어려워질 수밖에 없기 때문이다. 이에 따라 세계경제포럼(The World Economic Forum)은 〈세계 위기 보고서 2015(Global Risk Report 2015)〉를 통해 소득불균형 현상을 세계적인 위기의 하나로 분류한 바 있다.

전 세계적으로 상위 1%에 속한 부유층은 지난 30년간 많은 부를 축적했다. 경제협력개발기구(OECD)가 미국, 영국, 독일, 프랑스, 일본 등 18개국을 대상으로 실시한 조사에 따르면, 1981년부터 2012년까지 상위 1% 계층의 소득이 증가하면서 소득불균형이 심화된 것으로 나타났다. 미국의 경우 상위 1%의 소득이 전체 국민소득에서 차지하는 비중이 1981년 8%에서 2012년 19%로 2배 이상 증가한 것으로 분석되었다. 영국 또한 1981년 7%에서 2011년 13%로 2배 가까이 증가했다. 심지어 소득불균형 정도가 덜한 북유럽 국가인 노르웨이에서도 2012년 상위 1%가 전체 소득에서 차지하는 비중이 8%에 달했다.

OECD는 최근 소득불균형이 심화된 주요 원인 가운데 하나로 부자감세 문제를 언급했다. 실제로 OECD 회원국들이 소득분위 최상위계층에 부과하는 세율은 1970년대 최고 70%에 육박했으나 글로벌 금융위기 이후에는 절반으로 줄어들었다. OECD는 지난 30년 동안 거의 모든 회원국들에서 실질 최고소득세율이 낮아졌으며, 상위 소득계층은 세금 감면으로 가처분소득이 늘어나면서 더 많은 자본을 축적할 수 있게 되었다고 분석했다. 이러한 현상이 반복적으로 지속되면서 소득불균형이 심화되어온 것이다.

불안한 미래를 경고하는 신호

소득불균형 문제는 신흥국에서도 예외 없이 나타나고 있다. 중국의 지니계수(Gini's coefficient. 지니계수가 1에 가까울수록 소득불균형이 심하다는 뜻)는 1980년 0.30이었으나 2013년 0.47을 기록해 소득불균형이 심화되고 있음을 보여주었다. 한국의 경우에도 상위 10%의 소득집중도가 45%에 달해 이미 프랑스, 일본 등 주요 선진국의 수준을 넘어섰으며, 최고 수준인 미국에 근접하고 있다. 특히 한국의 상위 소득계층은 미국과 유사하게 전체 소득에서 이자, 배당 등 금융소득이 차지하는 비중이 높은 것으로 나타났는데, 이는 부의 불균형이 고착화되는 신호로 해석될 수 있다.

이처럼 전 세계적으로 소득불균형 문제가 심화되고 있는 가운데 국제통화기금(IMF)은 빈부격차의 심화가 불안 심리를 조성하고 사회적 분열을 초래할 수 있다며 그 위험성을 경고하기에 이르렀다. 또한 다양한 여론조사 결과에서도 많은 사람들이 개인의 정치적 성향을 떠나 커져가는 빈부격차에 대해 상당히 우려하고 있는 것으로 나타났다.

기술은 발전하고 산업은 해체되고

/

글로벌 기술환경

최근 글로벌 시장에서 가장 큰 화두는 '해체(unbundling)' 현상이다. 이는 급성장하는 정보통신기술(ICT, Information and Communication Technology)산업이 소비자들의 트렌드에 민첩하게 대응하면서 전통적인 산업을 해체시키는 것을 일컫는다.

해체 현상을 가장 극명하게 보여주는 산업으로 금융업을 들 수 있다. 일례로 정보통신기술과 금융서비스를 접목한 핀테크(fintech)는 더 빠르고 편리한 서비스를 원하는 소비자들의 트렌드에 맞춘 비즈니스모델로, 전통적인 금융업을 급속히 해체해나가고 있다. 이러한 해체는 지급결제, 송금, 대출, 자산 관리 등 다양한 분야에서 이루어지고 있으며 그 영역이 점차 확대되고 있다. 이는 기존의 금융회사들이 인력과 자본을 투입하여 수행했던 금융서비스를 인터넷 등 정보 네트워크에 기반한 소프트웨어가 대체함으로써 나타난 결과다.

해체 현상은 금융서비스업 외에 유통업에서도 나타나고 있다. 예를 들어 식품 분야에서는 관련 서비스업에 정보통신기술을 접목한 푸드테크(foodtech)가 뜨고 있다. 전통적으로 식품산업은 다른 분야에 비해 온라인화가 디딘 특성을 보였지만 최근에는 서비스와 유통을 중심으로 온라인화가 활기를 띠면서 푸드테크가 부상하고 있다. 이는 식품이 공산품처럼 균일하지 않아 가격 비교가 어렵고 유통기간이 짧아 배송에 어려움이 있던 문제를 ICT를 통한 시스템 혁신으로 해결할 수 있었기 때문이다.

국내에서 배달앱을 필두로 푸드테크 열풍이 부는 가운데 세계 각지에서도 이와 관련한 스타트업이 연이어 대규모 투자 유치에 성공하고 있다. 미국의 시장조사기관인 CB인사이트에 따르면, 2014년 미국에서만 푸드테크 스타트업에 10억 달러가 넘는 투자가 이루어졌으며 향후에도 이러한 기조가 이어질 것으로 보인다. 또한 연간 700억 달러 규모로 추정되는 미국 내 음식배달서비스 시장 선점을 위해 구글, 그루폰 등 대기업들까지 나서면서 전통적인 식품 시장의 영역이 해체되고 있다.

유통업계가 주목하는 'R테크'

요즘 유통업계는 유통(retail)과 기술(technology)의 만남을 뜻하는 'R테크'에 주목하고 있다. 모바일이 '신체의 일부'가 되다시피 하면서 정보를 얻고, 물건을 사고, 결제하는 소비자들의 행위가 이전과 달라져 생긴 변화 때문이다.

유통업체들은 구매-재고 관리-소비자 경험 및 관리-결제-배송에 이르는 전체 유통 단계를 대상으로 새로운 기술의 최적화에 적극 나서는 등 R테크를 통해 고객만족과 비용절감 효과를 노리고 있다. 또한 이를 통해 얻어지는 고객 기반의 빅데이터를 활용하여 경영 개선과 트렌드 분석 및 전략 구축에 힘쓰고 있다. 일례로 고객별 맞춤형 쿠폰을 발행하는 등 새로운 마케팅 기법을 선보이는 유통기업이 속속 출현하고 있다.

향후 R테크 분야는 온라인과 모바일에 한정된 간편결제가 오프라인으로 확산될 조짐을 보이면서 시장 선점을 놓고 유통업체 간 뜨거운 경쟁이 예상된다. 이미 롯데와 신세계는 자체 모바일결제시스템을 개발 중이고, 편의점과 오픈마켓, 소셜커머스 업계 역시 새로운 기술을 도입하여 결제를 간편하게 만들기 위해 많은 노력을 기울이고 있다.

해체 현상은 정도와 시기의 차이만 있을 뿐 전 산업에 걸쳐 나타나고 있다. 자동차산업에서는 자동차에 IT를 접목한 스마트카 등을 출시했으며, 향후 자동차 생산의 주체가 IT기업이 될 수 있다는 전망까지 나오고 있다. 제조업에서도 IT의 영향이 커지면서 스마트공장이 가동되는 등 전통적인 영역이 사라지는 추세다.

따라서 앞으로는 동종기업 간 경쟁만을 고려해서는 안 된다. 어떤 산업에서든 IT기업이 진출하여 새로운 경쟁자로 떠오를 수 있고, 계속해서 다른 산업의 영역을 침범할 것이기 때문이다. 소비자들 역시 끊임없이 편리성을 추구하고 있어 향후에는 분야를 불문하고 새로운 경쟁자에 대비하며 미래를 예측할 필요성이 더욱 커지고 있다.

최저와 **최고**의 공존

/

한국 경제와 불확실성

2015년의 한국 경제를 돌아보면 '최저·최고'라는 키워드로 요약할 수 있다. 역대 최저를 기록한 한국은행의 기준금리와 최고치를 경신한 가계부채가 그중 하나다.

2015년 상반기 한국 경제는 수출이 환율의 영향을 받아 어려움을 겪는 가운데 한국은행이 3월 기준금리를 1.75%로 한 차례 낮춘 바 있다. 그런데 5월 하순 발생한 메르스(MERS, 중동호흡기증후군) 사태로 국내 소비 활동이 크게 위축되었고, 중국인을 포함한 외국인 관광객 급감으로 호텔, 관광, 유통업계가 직격탄을 맞았다. 그 결과, 내수시장이 거의 초토화되다시피 활기를 잃었다. 이에 한국은행이 2015년 6월 기준금리를 역대 최저 수준인 1.50%로 인하했고, 이 같은 기준금리는 2016년 1월 현재까지도 유지되고 있다.

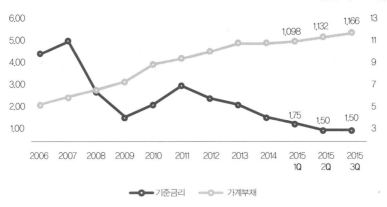

한국은행 기준금리 및 가계부채 추이

(단위: %, 100조 원)

출처: 한국은행

리스크를 가중시키는 가계대출

국내 경제가 어려운 상황에서 가계부채는 최고치를 경신하고 있다. 이는 정부가 부동산경기 활성화를 위해 DTI(총부채상환비율)와 LTV(주택담보대출비율) 규제를 완화하는 등 부채 주도의 경기부양책을 펼친 탓이 크다. 금융완화 정책으로 부동산 시장을 활성화하면 내수시장이 살아나 경기가 회복될 것이라는 정부의 예상과 달리 부동산 시장의 활성화는 내수 확대로 연결되지 않았기 때문이다.

2013년 말 1,019조 원이던 가계부채는 2014년 1,085조 원, 2015년 3분기에 1,166조 원으로 늘어났으며, 2016년 들어서 1,200조 원을 돌파했다. 이처럼 급증하는 가계부채는 우리 경제에 언제 터질지 모르는 시한

주요 경제성장지표

	2014	2015
GDP(%)	3.3	2.7
민간소비(%)	1.8	1.8
건설투자(%)	1.0	4.6
설비투자(%)	5.8	5.7
경상수지(100만 달러)	84,737	105,955

출처: 한국은행, 기획재정부

폭탄이 되고 있다. 이뿐만 아니라 경기 변동에 취약한 가계대출 구조가 리스크를 가중시키고 있다. 한국은 세계에서 원리금 상환 부담이 높은 국가에 속한다. 글로벌 경기 변동에 따라 언제든 위험에 빠질 가능성이 크다는 뜻이다. 또한 연체 위험이 큰 다중채무자의 수가 증가하고 있고, 신용대출 증가율이 담보대출을 앞지르는 등 가계대출의 질도 급속도로 악화되고 있다. 그만큼 심각한 불안 요소를 안고 있는 것이다.

2015년 한국의 경제성장률은 2.7%선에서 마무리되었다. 2016년에는 2%대 성장률이 예상되고 있다. 이제는 모두가 장기 저성장 시대에 돌입했다는 사실을 받아들이고 이를 헤쳐나갈 새로운 발전 전략을 수립하기 위해 지혜를 모아야 한다.

짙어지는 안개 'G2 리스크'

현재 우리 경제는 미국의 금리인상과 중국의 성장률 둔화 등 G2 리스크에 따른 대외 불확실성에 직면해 있다.

최근 중국 정부는 제13차 5개년 계획을 발표했다. 2016년부터 2020년까지 매년 최소 6.5%의 성장을 이어간다는 내용이다. 하지만 대다수 해외 전문가들의 시각은 회의적이다. 여기에 추가적인 위안화 절하 가능성까지 있어 대중국 수출 의존도가 높은 우리 경제의 시계는 점점 더 흐려지고 있다. 게다가 미국이 기준금리를 0.25% 인상한 가운데 2016년에도 금리를 점진적으로 올릴 것으로 예상되어 글로벌 금융 시장의 불확실성이 증폭되고 있다. 이에 따른 환율전쟁도 본격화될 전망이다.

이 같은 G2 리스크의 안개가 짙어지면 글로벌 금융 시장을 비롯한 세계 경제가 언제든 예측 불가의 상황에 빠질 수 있고, 그렇게 되면 우리 경제 역시 고래 싸움에 새우등 터지는 신세를 면치 못하게 될 것이다. 대외 충격에 대비하여 경제의 체질 변화를 도모하는 패러다임의 전환이 절실한 시점이다.

2

내일은 해가 뜰까

성장 패러다임의 전환

'카오스'에 빠지다

/

혼돈의 시대, 기업의 길

 고대 중국의 병법서로 현대에는 경영전략서로 활용되는《손자병법》의 〈모공편〉을 보면 '지피지기, 백전불태(知彼知己, 百戰不殆)'라는 말이 나온다. 적군과 아군의 실정을 확실하게 비교 검토한 후 승산이 있을 때 싸운다면 백 번을 싸워도 위태롭지 않다는 뜻이다. 또한《논어》〈위령공편〉에는 '인무원려, 필유근우(人無遠慮, 必有近憂)'라는 말이 나오는데, 멀리 앞일을 헤아리지 않으면 반드시 눈앞에 근심이 닥치게 된다는 뜻이다.

 글로벌 무한경쟁 체제 속에 있는 기업들도 마찬가지다. 급변하는 패러다임을 감지하고 대응책을 마련하는 것이 중요하다. 눈앞의 현상만을 우선하는 '근시안적(myopia)' 시각에서 벗어나 미래를 예측하고 헤아리는 '전체적(holistic)' 시각을 가지지 못하는 기업은 위험에 직면할 수밖에 없다. 따라서 기업을 둘러싼 경쟁환경이 어떻게 바뀌고 있는지에 대한 지속적인 모니터링과 분석의 필요성이 더욱 커지고 있다.

경영환경 변화의 키워드

현대사회의 특징을 하나의 단어로 나타낸다면 무엇이 적절할까? 앞에서 살펴본 것처럼 현 시대는 정치·경제·사회적으로 불확실성이 증대되고 있다. 이 같은 현상은 세계 경제의 성장세가 둔화되는 가운데 ICT 기술의 급속한 발전에 따른 사회 전반의 변화가 그 배경으로 작용하고 있다. 이에 삼정KPMG는 국내외 경영환경 분석을 통해 최근 일어나고 있는 변화의 주요 특징을 복잡성(Complexity), 첨단기술(High-tech), 민첩성(Agility), 개방성(Openness), 성장 둔화(Slowdown)의 5가지 키워드로 압축하고, 이를 '카오스(CHAOS)'로 명명했다.

기업을 둘러싼 경영환경의 변화

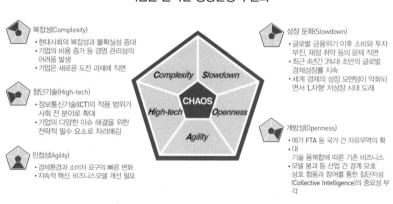

복잡성(Complexity)
· 현대사회의 복잡성과 불확실성 증대
· 기업의 비용 증가 등 경영 관리상의 어려움 발생
· 기업은 새로운 도전 과제에 직면

첨단기술(High-tech)
· 정보통신기술(ICT)의 적용 범위가 사회 전 분야로 확대
· 기업의 다양한 이슈 해결을 위한 전략적 필수 요소로 자리매김

민첩성(Agility)
· 경제환경과 소비자 요구의 빠른 변화
· 지속적 혁신, 비즈니스모델 개선 필요

성장 둔화(Slowdown)
· 글로벌 금융위기 이후 소비와 투자 부진, 재정 취약 등의 문제 직면
· 최근 4년간 3%대 초반의 글로벌 경제성장률 지속
· 세계 경제의 성장 모멘텀이 악화되면서 'L자형' 저성장 시대 도래

개방성(Openness)
· 메가 FTA 등 국가 간 자유무역의 확대
기술 융복합에 따른 기존 비즈니스 모델 붕괴 등 산업 간 경계 모호
· 상호 협동과 참여를 통한 집단지성(Collective Intelligence)의 중요성 부각

출처: 삼정KPMG 경제연구원

본래 카오스(chaos)는 우주적 질서를 의미하는 코스모스(cosmos)의 상대어로 완전한 혼돈을 가리킨다. 이는 좋고 나쁨을 초월하는 개념으로, 어느 방향으로 진행될지 예측할 수 없는 상태를 말한다. 새로운 기술의 등장으로 도태되는 기업이 있는 반면, 이를 기회로 삼아 성장하는 기업도 존재한다. 불경기로 대부분의 기업들이 어려움을 겪는 상황에서도 시장점유율을 확대하는 기업이 나타나는 것 역시 비슷한 맥락으로 이해할 수 있다. 즉, 혼돈은 어떻게 대응하느냐에 따라 부정적 영향으로 다가올 수도, 긍정적 영향으로 작용할 수도 있는 양면성을 갖는다.

이렇듯 카오스를 특징으로 하는 경영환경 속에서 기업은 도처에 숨어 있는 의외의 요소에 수시로 직면하게 되고 명확한 의사결정을 내리는 데 어려움을 겪게 된다. 이에 따라 기업의 경영자들은 그 어느 때보다도 더 높은 경각심과 기민한 상황 판단력을 갖추지 않으면 안 되는 상황에 직면하고 있다.

복잡성을 경영하라

/

더 중요해진 위험 관리

오늘날 경영·경제 분야에서 복잡성(complexity)이 자주 언급되고 있는데, 이 말은 정확히 정의하기가 어렵다. 사전에서는 '무질서한 것처럼 보이지만 실제로 독특한 질서를 보이는 시스템'으로 정의하고 있다. 다시 말해 복잡성은 무질서한 혼돈과 달리 일련의 사건들이 자기만의 질서를 가지고 복잡하게 얽혀 있는 상태라고 할 수 있다. 그렇다면 현대사회에서 복잡성은 왜 증가하고 있으며, 기업의 경영환경에는 어떤 영향을 미칠까?

복잡성이 증가하는 유력한 요인으로 정보의 이동 속도 향상을 들 수 있다. 인터넷과 스마트폰 등 정보통신기술의 발달로 정보의 이동이 용이해지면서 많은 양의 정보가 종전보다 빠르게 생산되고 전파되기 시작했다. 그 결과, 다양한 정보가 여러 계층에 거의 동시적으로 전달되고, 소

복잡성을 증가시키는 요인

1 정보의 이동 속도 향상		**2** 법률 및 규정의 변화	
3 정부의 역할 및 정책		**4** 기업 인수·합병에 따른 경쟁 구조 변화	
5 소비자 욕구의 다양화와 글로벌화		**6** 기술 융합	

출처: KPMG 설문조사

비자들은 의사결정 시 더 많은 정보를 고려하게 되었다. 빠른 정보의 이동 속도가 복잡성을 증가시키고 있는 것이다.

이 밖에 복잡성을 증가시키는 요인들로 법률 및 규정의 변화, 정부의 역할 및 정책, 기업의 인수·합병에 따른 경쟁 구조 변화, 소비자 욕구의 다양화와 글로벌화, 기술 융합 등을 들 수 있다.

이 같은 복잡성의 증가는 경영환경을 지속적으로 변화시키기 때문에 모든 기업에서 중요한 과제로 부상하고 있다. 특히 비용과 시간의 소비 증가, 관리의 어려움, 신기술 개발의 필요성 증대 등이 주요 도전 과제로 꼽힌다.

경영의 3대 위험 요인

복잡성의 증가가 실제 기업 경영에 어떤 영향을 주는지 알아보기 위해 KPMG는 미국, 독일, 영국, 일본, 싱가포르, 한국 등을 포함한 전 세계 22개국 1,400명의 CEO와 CFO를 대상으로 설문조사를 실시했다. 7개 산업 분야로 나누어 복잡성이 기업 경영에 미치는 영향과 이유에 대해 조사하고, 이를 통해 복잡성 증가에 대한 경영자들의 시각을 알아보았다. 그 결과, 복잡성 증가에 따른 3대 위험 요인으로 리스크 증가, 비용 증가, 새로운 기술의 필요성이 꼽혔다.

리스크 증가는 복잡성이 증가하면서 기업들에 주어지는 가장 큰 도전 과제로 니다났다. 설문에 참여한 경영자들의 84%가 복잡성은 기업을 경영하는 데 많은 리스크를 양산한다고 응답했다. 그다음으로 높은 비중을 차지한 항목은 비용 증가로, 경영자들 중 78%, 특히 아시아·태평양 지역 경영자 가운데 88%가 이를 지목했다. 세 번째는 새로운 기술의 필요성으로 75%의 경영자가 응답했다. 빠른 기술 혁신이 복잡성을 증가시킴과 동시에 또 다른 새로운 기술의 필요성도 제기한다는 것이다.

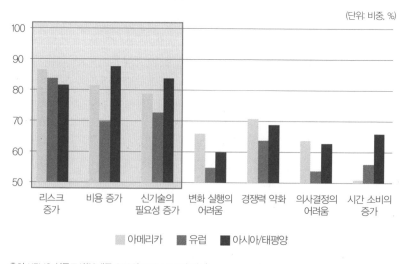

복잡성 증가에 따른 기업의 위험 요인

(단위: 비중, %)

출차: KPMG 설문조사(22개국 CEO와 CFO 1,400명 대상)

전국상공회의소 회장단이 선정한 2016년 키워드

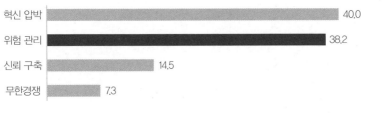

출차: 대한상공회의소 설문조사

   국내 경영자들을 대상으로 실시한 설문조사 결과도 위험 관리의 필요성을 보여주었다. 대한상공회의소가 전국 71개 지역상공회의소 회장단을 대상으로 실시한 '전국상공회의소 회장단이 바라본 2016년' 조사 결과에 따르면, 2016년의 키워드를 묻는 질문에 회장단의 38.2%가 미국의 금리인상, 중국 경제의 불확실성 증가 등에 따른 위험 관리라고 대답했다. 가장 많은 답변은 혁신 압박이었다. 위험 관리와 혁신 압박은 저성장 시대의 위기와 기회를 대변하는 키워드라고 할 수 있다.

새로운 바람이 불어온다

/

날로 발전하는 첨단기술의 영향

지금 세계 경제는 정보통신기술 기반의 산업 융합과 더불어 새로운 가치를 창출하는 쪽으로 빠르게 전환되고 있다. 이러한 경제환경 속에서 기업들에도 ICT를 활용하여 동태적으로 자원과 역량을 통합하고 재구성하는 융·복합 전략의 필요성이 대두되었다. 특히 기업이 보유하고 있는 인적·물적 자원이나 핵심 역량 등을 ICT와 연계하여 성과를 향상시키는 새로운 시도가 요구되고 있다.

이제 ICT는 기업의 미래를 좌우할 만큼 중요한 요소가 되었다. 초고속인터넷, 고감도센서, 빅데이터 분석 등 3대 핵심 기술을 바탕으로 사물인터넷(Internet of Things, IoT) 시대가 도래하면서 모든 산업 분야에서 전에 없던 변화의 바람이 불고 있다. 이제 기업들은 분야를 막론하고 ICT를 활용하여 새로운 융합 제품이나 서비스를 제공함으로써 다양한 고객의 요구에 대응하지 않으면 사업을 지속할 수 없게 되었다.

산업연구원이 발표한 '초연결 시대 사물인터넷(IoT)의 활성화 방안'에 의하면, 2020년에는 인터넷과 연결되는 기기의 수가 500억 개에 이를 것으로 전망된다. 또한 ICT 관련 제품들의 표준 플랫폼이 등장하여 기기 간 상호 연계와 서비스의 자유로운 호환이 가능해질 것으로 예상된다.

ICT가 몰고 올 제조업의 변화

ICT는 모든 산업에서 활용이 가능하지만 스마트공장(smart factory)의 출현과 제조공정의 최적화 등에서 알 수 있듯이, 특히 제조업에서 그 활용도가 높다. 전문가들도 ICT의 본격적인 활용이 제조업의 패러다임에 대대적인 전환을 가져올 것으로 예측한다.

이와 같은 상황에서 기업은 기존 영역과는 전혀 다른 차원의 제품과 서비스를 개발해야 하며 혁신을 통한 새로운 경쟁우위 확보를 위해 끊임없이 노력해야 한다. 혁신은 기업의 전략과 자원 및 핵심 능력을 기반으로 하며, 혁신을 위한 방법으로는 생산공정이나 제품, 서비스, 기술, 산업 간 융합을 고려해볼 수 있다.

지금은 기업들이 ICT의 활용과 관련한 전략을 수립하고 자원을 투입하여 지속적인 경쟁우위 확보와 실질적 성과 달성을 위해 박차를 가해야 할 시점이다.

기민해야 산다

/

기업의 사활을 좌우하는 민첩성

끝없이 변화하는 환경에 어떻게 대응하느냐는 기업의 성공에 결정적 요소로 작용한다. 생존은 신속한 적응에 달려 있기 때문이다. 이를 위해 민첩성(agility)을 갖추어야 한다. 비즈니스에서 민첩성은 시장의 하부 구조가 무너지고 재건되는 불안정한 환경에서도 활발하게 경영 활동을 이어갈 수 있는 전략적 탄력성과, 시장에 대한 변화된 접근 방법과 현재 비즈니스모델 사이의 불일치를 해소시킬 수 있는 조직적 탄력성을 포함하는 개념이다.

민첩성의 핵심은 반사적으로 행동하기보다 한발 앞서 행동하는 것이고, 간헐적으로 행동하기보다 지속적으로 행동하는 것이다. 또한 부분적인 임기응변으로 행동하기보다 전체적인 계획에 따라 명확하고 확신 있게 행동하는 것이다. 민첩한 기업일수록 일관되고 장기적인 성장 목표를 세우며, 비용절감이나 경영의 효율성 제고를 위한 노력을 지속적인 경영 과정의 일부로 생각한다.

한 가지 예를 들어보자. 1970년대 말은 PC 시장의 태동기였다. 당시 IBM은 PC 시장의 미래 가능성을 확신했지만, 준비 과정에서 기존의 기업문화에서 비롯되는 수많은 조직적 장애에 부딪히게 될 것을 예견했다. 이에 따라 IBM은 그동안의 방식과는 다르게 아무도 접근할 수 없는 비밀 프로젝트팀을 창설하고 상대적으로 자유롭게 업무를 수행할 수 있도록 했다. 그 결과, IBM은 발 빠르게 PC 시장에 진입하여 오랜 기간 독점적 지위를 향유할 수 있었다.

생존하는 기업의 조건

민첩성은 사업 목표와 역량을 효과적으로 배치하여 시장에서 유연하게 대응할 수 있게 함으로써 기업에 강한 생존력을 제공한다. 민첩성을 가진 기업은 시장의 변화에 빠르게 대응하고, 비용 구조와 성장 전략의 지속적 개선을 위한 구체적인 방안을 수립하여 실천한다. 기업의 펀더멘털(fundamental)을 강화하고 핵심 역량을 합리화하는 동시에 꾸준히 성장의 기회를 추구함으로써 시장의 혼란으로 인한 충격을 최대한 억제한다.

빠르게 변화하는 경제환경 속에서 많은 기업들이 표류하고 있다. 민첩한 대응에 실패했기 때문이다. 어떤 변화에도 신속하게 대응할 줄 아는 기업이 되어야 한다.

더 이상의 **경계**는 없다

/

개방 매커니즘과 컨버전스

2015년 10월, 불가능할 것만 같았던 환태평양경제동반자협정(Trans-Pacific Partnership, TPP)이 공식 타결되었다. 이로써 미국, 일본 등 아시아·태평양 지역 12개국이 참여하는 세계에서 가장 큰 자유무역지대가 탄생하게 되었다. 국제통화기금(IMF)과 유엔무역개발회의(UNCTAD)에 따르면, 환태평양경제동반자협정의 규모는 전 세계 GDP의 37.1%(27조 7,000억 달러), 무역액의 25.8%(9조 5,000억 달러)를 차지한다.

이 밖에도 역내포괄적경제동반자협정(Regional Comprehensive Economic Partnership, RCEP), 범대서양무역투자동반자협정(Transatlantic Trade and Investment Partnership, TTIP), 아시아·태평양자유무역지대(Free Trade Area of Asia-Pacific, FTAAP) 등 초대형 무역협정이 추진되고 있다.

다자간 자유무역협정(Mega FTA) 추진 현황

구분	경제 규모(GDP)	인구	참여 국가
환태평양경제동반자협정(TPP)	27조 7,000억 달러	8억 명	미국, 일본, 캐나다, 호주, 칠레 등 12개국
역내포괄적경제동반자협정(RCEP)	21조 6,000억 달러	34억 명	중국, 한국, 일본, 아세안(ASEAN) 등 16개국
아시아·태평양자유무역지대(FTAAP)	42조 5,200억 달러	28억 명	미국, 중국, 한국, 일본, 러시아 등 21개국
범대서양무역투자동반자협정(TTIP)	35조 9,100억 달러	8억 명	미국, 유럽연합(EU) 등 29개국
한·중·일 자유무역협정	16조 4,100억 달러	15억 명	중국, 한국, 일본 3개국
아세안경제공동체(AEC)	2조 4,000억 달러	6억 명	아세안(ASEAN) 10개국

출처: 세계은행(World Bank), 국제통화기금(IMF)

전 세계적인 개방(openness)화의 추세는 국가 간에서만 일어나는 것이 아니라 산업 간에서도 진행되고 있다. 모든 경계가 허물어지는 시대의 흐름에 따라 산업 사이의 경계도 사라지고 있는 것이다. 이제는 친구(friend)와 적(enemy)의 합성어인 '프레너미(frenemy)'라는 말이 어색하지 않을 정도로 동일 업종은 물론 상이한 업종들 간에도 경쟁과 협력이 활발히 이루어지고 있다.

나이키의 경쟁업체가 아디다스가 아니라 전자게임업체인 닌텐도가 되기도 하고, 자동차업체와 커피전문점이 협력하여 자동차가 전시되어 있는 복합 커피매장이 등장하기도 한다. 또한 애플, 마이크로소프트, 구글의 경우처럼 협력과 경쟁이 혼재된 복잡한 비즈니스 관계가 형성되기도 한다.

무너지는 경계, 만나는 산업들

산업 간 컨버전스(convergence) 현상도 두드러진다. 컨버전스는 본래 정보기술(IT) 분야에서 여러 기술이나 성능이 하나로 융합되거나 결합하는 현상을 일컫는 말이었다. 그러던 것이 요즘에는 산업 간 경계가 허물어지고 새로운 시너지 창출을 위해 다양한 분야들이 합쳐지면서 비즈니스모델이나 산업의 결합 또는 융합의 의미로 많이 쓰이고 있다. 금융(Finance)과 기술(Technology)을 결합시킨 핀테크(fintech), 자동차와 인터넷기술을 융합시킨 e-카(Car), 건축과 ICT를 융합한 스마트빌딩 등이 대표적인 사례다.

시간이 필요한 경기 회복

/

저성장 시대의 도래

자본주의 시장경제의 틀을 근본적으로 뒤흔드는 글로벌 경제위기로 인해 저성장·저금리 기조가 고착화되는 '뉴노멀(New Normal)' 시대가 본격화될 가능성이 높아지고 있다. 글로벌 금융위기 이후 대공황까지 우려되던 세계의 경제위기가 각국 정부의 대규모 유동성 투입과 경기부양책, 그리고 중국 등 신흥국들의 선전에 힘입어 점차 회복세를 보이고 있으나, 과거와 같은 성장세를 보이기는 어려울 것으로 전망된다.

2006년 노벨경제학상 수상자인 에드먼드 펠프스(Edmund S. Phelps) 컬럼비아대 교수는 2015년 개최된 세계경제포럼(WEF)에서 "유럽은 붕괴되고 있고, 아시아는 혁신적인 경제를 만들기 위한 시간이 필요하다"면서 "향후 몇 년간 세계 경제가 주목할 만한 성장을 하긴 어렵다"고 내다보았다. 리카도 하우스만(Ricardo Hausmann) 하버드대 교수 역시 "과도하게 레버리지를 일으킨 원유 수출국들과 어디로 튈지 모르는 기업들로 인해 금융 붕괴를 맞을 수도 있다"며 우려를 표시했다.

국제통화기금은 〈세계경제전망(World Economic Outlook)〉 보고서에서 2016년 세계 경제성장률을 2015년 전망치보다 0.2%포인트 하향 조정한 3.4%로 예상했다. 이 같은 전망은 글로벌 금융위기의 여파로 제로 (0) 성장했던 2009년 이후 가장 낮은 수치다. 국제통화기금은 또한 세계 경제의 '하방(성장률이 떨어질) 위험'이 다소 강해졌다고 진단하면서, 급격한 자산 가격 변동 및 금융시장 변동성 증가, 달러 강세, 낮은 중장기 성장률, 중국의 성장률 둔화 등을 세계 경제의 하방 위험 요인으로 지목했다.

이런 상황에서 원자재 수출 비중이 높은 신흥국들은 중국의 성장률

세계 경제성장률 및 교역량 추이

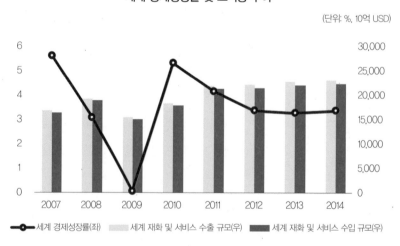

(단위: %, 10억 USD)

━●━ 세계 경제성장률(좌)　　　세계 재화 및 서비스 수출 규모(우)　　■ 세계 재화 및 서비스 수입 규모(우)

출처: 국제통화기금(IMF), 유엔무역개발회의(UNCTAD)

둔화로 인한 역풍을 맞을 수 있다. 남미 지역은 브라질의 영향으로 침체 움직임을 보이고 있으며, 중동 지역의 경우 유가 하락과 지정학적 위험이 여전한 채로 세계 경제를 위협하고 있다.

불확실성은 제거될 수 없다!

/

카오스 시대를 돌파하는 경영 전략

세계 경제의 복잡성과 위험 요인이 증가하는 현실에서 불확실성을 최대한 제거해야 한다는 생각은 진부한 사고방식이 되었다. 환경이나 기술의 변화 속도가 불확실성을 제거할 수 있을 만한 여유를 허락하지 않기 때문이다. 설사 변화가 상대적으로 더디게 진행되는 것처럼 보이는 산업이라 해도 당장 내일부터 불확실성이 급격하게 고조될 수 있는 상황에 놓여 있다.

이처럼 복잡하고 빠르게 변화하는 환경 속에서 기업이 이윤을 창출하고 지속적으로 성장해나가기 위해 반드시 필요한 덕목 중 하나가 미래를 예측하고 적응하는 능력이다. 데이터에 기반한 구체적 분석을 통해 앞으로 다가올 미래를 정확하게 예측하고 이에 대한 대응책을 신속하게 수립할 수 있는 능력이 어느 때보다도 절실하게 요구된다. 하지만 아무리 방대한 데이터를 수집하여 분석한다고 해도 언제 발생할지 알 수 없는 위험을 사전에 예측하고 대비하기란 불가능에 가깝다. 개인정보처럼 법적·제도적 한계 때문에 수집이 제한되는 정보도 적지 않을뿐더러 기후·환경처럼 정확한 정보 수집에 본래적 한계가 존재하는 경우도 있다. 설사 정확한 정보에 근거하여 미래를 예측했다고 하더라도 예측된 위험을 헤지(hedge)할 수 있는 방법이 없거나 비용과 기술 등의 현실적 조건 때문에 마땅한 대응 수단을 마련하지 못할 수 있다.

현실의 기업들에 필요한 것은 변화하는 환경에 대한 미래예측 능력만이 아니다. 적응력과 더불어 위기를 극복할 수 있는 능력이 절대적으로 중요하다. 이에 대해 조금 더 구체적으로 알아보자.

3

지금, 우리 기업에 절실한 것은

카오스를 이기는 '리질리언스'

좋지 않은 환경에서도 좋은 성과를

/

왜 리질리언스인가

"오늘날 기업 생존의 비밀은 리질리언스(resilience)다."

하버드 비즈니스스쿨의 란제이 굴라티(Ranjay Gulati) 교수는 2010년 출간한 그의 저서 《회복탄력성을 높이기 위한 조직의 재구조화(Reorganize for Resilience)》에서 리질리언스를 갖춘 기업은 외부 환경이 좋지 않게 변하더라도 좋은 성과를 유지하고 지속적으로 성장해나갈수 있다고 말했다.

리질리언스는 '뛰어 제자리로 돌아가다(to jump back)' 혹은 '되튀어오르다(to spring back)'라는 뜻을 가진 용어로, 라틴어 'resilio'에서 유래했다. 즉, 어떤 충격이 가해져 변형이 되었을 때 원래 상태로 돌아가는 성질을 뜻한다. 리질리언스의 사전적 정의로는 회복탄력성, 충격으로부터의 회복력, 탄력성, 탄력 및 탄성, 되튀김 등이 있다. 일반적으로는

'회복탄력성'이 주로 쓰이고 있는데, 이 책에서는 회복탄력성이 리질리언스의 의미를 제대로 담고 있지 않다고 보고 리질리언스를 그대로 사용하려고 한다.

성장하는 조직의 원리

용수철에 압력이 가해지면 용수철이 압축되어 변형이 일어난다. 이후 압력이 사라지면 운동에너지로 변환되어 그 힘으로 다시 튀어 오르게 된다. 외부 충격 후에 본래 상태로 되돌아가는 성질을 탄성계수라고 하는데, 탄성계수가 작은 물질은 충격으로 변형이 일어난 다음에도 원래의 상태를 회복하지 못한다. 하지만 용수철처럼 탄성계수가 높은 물질은 금세 본래 상태로 되돌아오며, 운동에너지로 바꾸어 튀어 오르기까지 한다.

물리학에서는 물질마다 일정한 탄성계수가 있어서 이를 변화시키기가

리질리언스(resilience)

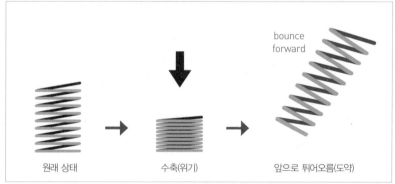

bounce forward

원래 상태   수축(위기)   앞으로 튀어오름(도약)

어렵다. 하지만 개인이나 조직의 탄성계수는 정해져 있지 않으며 노력하기에 따라 얼마든지 키울 수 있다. 어떤 위기를 겪고 나서 조직의 경험치가 쌓이고 극복해내는 힘이 커지는 경우만 봐도 그렇다. 이전의 상태를 회복하는 정도를 넘어 가속도가 붙으면서 조직이 더 크게 발전할 수 있는 에너지를 확보하기도 한다. 다시 말해서 탄성계수가 큰, 즉 리질리언스가 높은 조직은 '회복(bounce back)'을 뛰어넘어 이전보다 더 좋은 성과를 내며 '도약(bounce forward)'할 수 있다.

노먼 가메지의 발견

리질리언스는 1961년 미국의 심리학자 노먼 가메지(Norman Garmezy)가 리질리언스 이론에 대한 연구를 시작하면서부터 학문의 영역에서 다루어지게 되었다. 가메지는 정신분열증을 가진 부모 밑에서 자란 아이들이 어떻게 부모의 정신질환에 영향을 받지 않고 밝고 건강하게 문제없이 성장하는가를 연구한 끝에 아이들에게 내재되어 있는 리질리언스가 중요한 역할을 하고 있다는 결론을 내렸다. 이후 심리학뿐만 아니라 사회학, 사회생태학, 위기 관리, 도시계획, 국제개발 및 공학 등 다양한 분야에서 리질리언스에 대한 관심이 높아졌다.

최근에는 UN이나 지방자치단체국제환경협의회(ICLEI, International Council for Local Environmental Initiatives), 세계은행(World Bank)과 같은 국제기구에서도 리질리언스의 중요성을 언급하고 있다. 그런가 하면 UN의 재해경감전략기구(UNISDR)에서는 '재해에 강한 도시

(Making Cities Resilient)' 캠페인을 통해 기후변화에 대응하고 급증하는 자연재해 등에 의한 피해를 줄이기 위해 각 도시의 참여를 유도하고 있다.

1997년 미국의 커뮤니케이션 이론가 폴 스톨츠(Paul G. Stoltz)는 이렇게 말했다.

"이제는 지능지수나 감성지수보다 역경극복지수(AQ, Adversity Quotient)가 높은 사람이 성공할 수 있다."

카우아이섬의 아이들

/

심리학과 리질리언스

심리학에서는 미국의 심리학자 에미 워너(Emmy Werner)가 하와이 카우아이섬에서 진행한 연구로부터 리질리언스라는 개념이 본격적으로 다루어지기 시작했다.

1950년대 카우아이섬은 실업자와 알코올중독자가 많은 열악한 환경이었다. 워너는 이러한 환경 속에서 자란 아이들의 대부분이 부모와 같은 성향을 보이고 범죄화하는 모습을 보고 아이들이 어떻게 부모의 행동을 답습하는가에 대한 의문을 가지고 종단연구를 시작했다. 그는 1950년 카우아이섬에서 태어난 698여 명의 신생아를 전수조사하고 이후 40여 년 동안 지속적으로 이들에 대한 추적조사를 진행했다. 그 결과, 3분의 2의 아이들은 부모와 마찬가지로 실업자나 알코올중독자가 되어 공격적인 성향을 나타냈다. 하지만 3분의 1 정도 되는 아이들은 달랐다. 그들은 열악한 환경 속에서도 공격적 성향을 보이지 않았고, 워너는 이처럼 예외적인 아이들에 집중하여 연구를 진행하면서 리질리언스라는 요소가 학대나 가난, 비극적인 상황을 이겨낼 수 있게 해주는 힘이라는 사실을 발견했다.

열악한 환경에서도 비교적 건강하게 성장한 아이들은 '자신을 잘 조절하고, 자신의 문제해결 능력을 활용하여 주어진 어려운 상황에 적응할 수 있는 개인적 특징'을 갖고 있었다. 또한 어려운 상황에 직면하면 더불어 극복력이 강해지는 경향을 보였다. 그리고 위기 상황을 또다시 맞이하면 어려움을 극복한 과거의 경험에 비추어 보다 빠르게 회복하며 앞으로 나아가는 성향도 모니터링되었다. 워너는 이를 '리질리언스(resilience)'로 정의하고, 그에 영향을 미치는 요인을 분석했다.

일반적으로 리질리언스의 구성 요소는 개인의 기질, 인지 능력, 성격적 특성 등의 내적 요인과 가족관계, 또래관계, 사회생활 등 외적 요인으로 나눌 수 있는데, 개별 연구에 따라 더 다양하게 분류하기도 한다. 현대 심리학에서는 리질리언스를 높이는 내적 요인으로 자기조절 능력과 긍정력, 외적 요인으로는 대인관계 능력 이렇게 3가지를 꼽는다.

리질리언스의 3요소

개인의 리질리언스를 구성하는 첫 번째 요소는 '자기조절 능력'이다. 이는 개인이 역경에 처했을 때 감정 조절력, 충동 통제력, 원인 분석력 3가지 능력을 통해 극복해낼 수 있는 역량이다. 감정 조절력의 핵심은 부정적인 감정을 통제하는 것이다. 부정적인 감정을 통제하는 동시에 긍정적인 감정을 이끌어내어 건강한 도전의식을 일깨운다. 충동 통제력은 순간적인 기분에 휩쓸리는 충동을 억제하는 능력이다. 원인 분석력은 본인이 처한 상황을 객관적으로 판단하고, 적절한 해결 방안을 모색하는 능력이다. 이와 같은 자기조절 능력은 미국의 심리학자 하워드 가드너(Howard Gardner)의 다중지능(multiple intelligence) 이론과 밀접한 관련이 있다.

다중지능 이론의 창시자인 가드너는 기존의 심리학에서 오랫동안 종합적 지능(general intelligence)의 지표로 삼아온 IQ의 한계점을 파악하고, 사람의 인지 능력은 지능과 같은 단일한 능력이 아니라 여러 개의 독립적 요소로 구성되어 있다는 결론을 내렸다. 1916년 미국의 심리학자 루이스 터먼(Lewis Terman)이 개발한 IQ 지수는 언어 능력, 수리력, 추리력, 공간지각력 등 4가지 하위 요소로 구성되어 있는데, 가드너는 1983년 그의 저서 《마음의 틀: 다중지능(Frames of Mind: The Multiple Intelligence)》을 통해 언어지능, 논리-수학지능, 시각-공간지능, 음악지능, 신체-운동지능, 자연지능, 대인지능, 자기이해지능 등 8가지 영역을 제시했다. 특히 그는 성공한 사람들의 비밀이 자기이해지능에 있다고 말했다. 자기이해지능은 자신의 생각이나 감정을 조절하고 제어하며 순간적인 충동을 통제하는 능력으로, 자체만으로는 크게 발현하지 못하지만 다른 지능이 발휘되도록 촉매제 역할을 수행한다. 피겨의 여왕 김연아와 발레리나 강수진은 뛰어난 운동신경뿐 아니라 강한 자기조절 능력의 소유자였다. 이들은 중요한 일이 있을 때 부정적인 감정이나 스트레스를 최소화하고 자기 자신에게 '사탕'을 주며 긍정적인 감정을 습관화하여 스스로 도전의식을 일깨웠다. 또한 현재 자신의 모습보다 더 발전된 모습을 보여주겠다는 '성장(growth) 동기'를 가지고 있었다.

리질리언스가 높은 사람은 실패를 경험하더라도 비개인적이고, 일시적이며, 특수한 것으로 받아들인다. 즉, 실패는 누구에게나 있을 수 있고, 매번 그런 것이 아니라 이번에만 일어난 일이며, 다른 것은 잘하고 있다고 생각한다. 실패 또한 성공의 밑거름으로 삼아 계속해서 발전해나가는 것이다.

개인의 리질리언스를 구성하는 두 번째 요소는 '대인관계 능력'이다. 인간(人間)은 사회적 동물이기에 혼자서는 살아갈 수 없다. 누군가의 도움이 필요하다. 리질리언스가 높은 사람은 주변의 도움을 보다 쉽게 받는다. 이것은 단순한 '행운'이 아니다. 평소에 사람들과 맺어온 좋은 대인관계 덕분이다. 이 같은 대인관계의 핵심은 사랑하고 사랑받을 수 있는 능력으로, 이를 통해 사회적 네트워크를 내면화하는 것이다. 집단심리학과 정신건강을 연구해온 미국의 심리학자 에모리 코웬(Emory Cowen)에 따르면, 리질리언스가 높은 사람들은 어려운 상황 속에서도 다양한 커뮤니케이션 능력을 발휘하고 타인의 도움을 요청한다고 한다.

대인관계 능력은 소통 능력, 공감 능력, 자아 확장력으로 이루어진다. 소통 능력은 관계의 기본인 대화를 적절히 활용함으로써 인간관계를 긍정적으로 이끌어가는 능력이다. 공감 능력은 타인의 정서와 심리를 적절히 파악하여 인간관계를 원만하게 만드는 능력이고, 자아 확장력은 타인과의 관계 속에서 자기 자신을 이해하는 능력이다. 이 같은 대인관계 능력은 성공한 사람들에게서 하나같이 볼 수 있는 공통점이다. 제 강에 대해 별로 아는 것이 없었지만 철강왕으로 우뚝 선 앤드루 카네기(Andrew Carnegie)는 자신의 성공 비결로 다양한 인간관계 스킬을 꼽았고, 무일푼 접시닦이에서 백만장자로 거듭난 브라이언 트레이시(Brian Tracy)는 "성공의 85%는 인간관계에 달려 있으며, 훌륭한 인간관계의 핵심은 웃음이다"라고 말했다.

인간의 삶은 관계의 총합으로 이루어지고, 대인관계 능력을 통해 유지, 발전된다. 자신을 사회적 관계망 속에서 이해하는 자아 확장력을 바탕으로, 적절한 대화를 통해 타인과 소통할 수 있는 능력, 상대방의 상황이나 심리 상태를 이해할 수 있는 공감 능력으로 좋은 사회적 관계를 만들어나갈 수 있다. 이것이 또한 리질리언스를 높이는 선순환 역할을 하게 된다.

리질리언스의 세 번째 요소는 '긍정력'이다. 리질리언스가 높은 사람들은 긍정적인 정서를 바탕으로 하여 주어진 상황에서 부정적인 감정에 휩쓸리지 않고 상황을 능동적으로 변화시켜나간다. 결국 위기나 고난을 새로운 기회로 삼아 더욱 발전해나간다. 알고 보면 리질리언스를 구성하는 앞의 두 요소 모두 이러한 긍정력을 기반으로 한다. 첫 번째 요소인 자기조절 능력의 핵심은 부정적인 감정을 통제하는 동시에 긍정적인 감정을 이끌어내어 도전의식을 불러일으키는 것이고, 두 번째 요소인 대인관계 능력 역시 긍정적인 감정을 우선해야 갖출 수 있다.

긍정력은 낙관성, 생활 만족도, 감사하는 마음으로 증진시킬 수 있다. 낙관성은 객관적인 위험성을 과도하게 평가절하하는 낙천성과 구별된다. 낙천성은 타고난 성격이지만, 낙관성은 학습에 의해 형성된다. 언젠가는 좋아진다는 스스로에 대한 믿음을 바탕으로 도전이나 위기에 대한 두려움을 최소화하여 적극적인 자세를 취하면서 상황을 호전시킨다. 뇌성마비 장애를 갖고 태어난 미국의 릭 호이트(Rick Hoyt)가 아버지의 도움으로 휠체어를 타고 보스턴 마라톤을 24회나 완주할 수 있었던 것도 낙관성 덕분이었다. '나는 할 수 있어!(I can do it!)'라는 믿음과 긍정으로 오랜 노력을 통해 일구어낸 결과다.

생활 만족도는 자기 자신과 주변 상황을 긍정적으로 바라볼 수 있는 정도다. 이를 향상시키려면 무엇보다 자신의 강점을 파악하여 지속적으로 발휘해나가야 한다. 긍정심리학을 대표하는 학자인 마틴 셀리그만(Martin E. P. Seligman)은 그의 저서 《완전한 행복》에서 지속적인 행복은 자신의 강점이 무엇인지 깨닫고 일상생활에서 이를 꾸준히 발현시키기 위해 노력하는 것이라고 말했다. 이것이 개인의 긍정력을 끌어올려 고난이나 역경이 닥쳤을 때 리질리언스를 높여줄 수 있다.

마지막으로 감사하기는 긍정력을 향상시키는 데 가장 확실하고도 지속적인 효과를 나타낸다. 이와 관련한 이론이 나오기 시작했고 '감사심리학'이라는 새로운 연구 분야도 생겼다. 연구의 주요 내용은 감사하는 마음을 갖게 되면 뇌 좌측의 전전두피질이 활성화되고, 이것이 스트레스를 완화시켜 심리 상태를 안정적이고 행복하게 만들어준다는 것이다. 인간의 몸은 뇌가 생각하는 대로 반응을 보인다. 뇌가 몸을 지배하는 것이다. 극한의 스트레스나 역경에 처해 있을 때도 감사의 마음을 갖게 되면 뇌가 다시 긍정적인 호르몬을 분비하게 되고, 이에 따라 몸의 반응

도 달라진다. 심리학자들은 이러한 회로의 작동을 '리셋(reset)' 버튼을
누르는 것과 같은 효과라고 설명한다.

어떤 상황에서도 **살아남아야** 한다

/

생존하는 기업의 비밀

　기업 조직에서도 리질리언스는 매우 중요하다. 급속한 세계화의 진행에 따라 사회가 급격히 변화하고 이와 더불어 첨단기술이 발달하면서 기업들은 끊임없이 혁신을 요구받고 있다. 미국의 외교 전문지 〈포린 폴리시(Foreign Policy)〉가 꼽은 저명한 사상가 100인 중 한 사람인 미래학자 자메스 카시오(Jamais Cascio)가 "변화는 피할 수 없는 것이기 때문에 이를 받아들이고 예기치 못한 상황을 견딜 수 있는 힘에 집중해야 한다"고 말한 그대로다.

　복잡하게 얽혀 있으면서 지속적으로 변화하는 불안한 시장환경에서는 유연하고, 기민하게, 역동적으로 대응하는 기업만 살아남는다. 안정되어 보이는 시장에서도 기업은 갑작스럽거나 주기적인 패러다임의 변화로 인한 위협을 극복해야 한다. 하지만 리질리언스를 조직의 DNA에 내

재한 기업이라면 어떤 환경 변화에도 적용하여 긍정적인 성과를 남길 수 있다. 특히 어려운 상황을 성공적으로 견뎌낸 경험을 통해 리질리언스가 체화된 기업은 더욱 발전하여 보다 큰 성과를 낼 수 있다.

'bounce back'이 아닌 'bounce forward'로

그동안 조직연구에서 리질리언스 개념은 위기 관리나 재난 관리, 고신뢰조직(high-reliability organizations, HROs), 긍정조직학 분야에서 주로 다루어졌다. 자연재해나 테러 등의 일시적 충격에 노출된 사회나 조직, 기업의 중요한 역량으로 리질리언스에 주목했던 것이다. 그러다가 2001년 9·11 테러 이후 조직의 리질리언스 연구가 더욱 활발해졌다.

9·11 테러가 일어났을 때 세계무역센터의 50개 층을 임차하고 있던 모건스탠리는 곧 몰락할 것처럼 보였다. 하지만 평소 재난 대비 훈련을 해온 덕분에 약 32분 만에 백업사이트가 재개되고 사건 발생 24시간 후에는 본사를 제외한 전 세계의 모든 업무가 정상화되었다. 이와 같은 모건스탠리의 기적은 테러가 발생한 후에 어쩌다 일어난 것이 아니라 이미 구축해놓은 위기 관리 매뉴얼을 통해 준비된 결과였다. 이 일을 계기로 조직행동학에서 리질리언스에 대한 관심이 더욱 고조되었다.

기업의 생존을 위협하는 것은 테러와 같은 충격만이 아니다. 시시각각으로 변하는 시장환경이 오히려 기업에는 더 크고 항시적인 위협 요소라고 할 수 있다. 놀라운 변신을 거듭하는 첨단기술에다 다양한 소비자들의 수요를 맞춰야 하는 비즈니스 환경에서 기업들은 오늘도 끝없는 경쟁을 벌이며 생존을 넘어 보다 큰 승리를 거두기 위해 고심하고 있다.

일반적으로 리질리언스는 고난과 역경의 충격이 닥친 후에 이전 상태로 다시 돌아가는 'bounce back'을 의미한다. 하지만 온갖 위험 요인들이 복잡하게 주변을 둘러싸고 있는 상황에서 어떤 위기에도 유연하게 대처하고 적응하여 이를 성장의 기회로 탈바꿈하기 위해서는 'bounce forward'하는 방향으로 리질리언스를 발휘해야 한다. 그런 기업만이 카오스의 현대사회에서 승자로 남을 수 있다.

기업의 리질리언스 요소

기업 조직에서 리질리언스는 2가지 의미로 정의할 수 있다. 첫 번째는 물리학적 의미의 리질리언스다. 물리학에서 물질의 리질리언스는 외부 힘에 의해 변형된 후 원래의 모양과 크기로 돌아오는 힘을 일컫는다. 마찬가지로 기업 조직의 리질리언스에서도 예상치 못한 상황의 변화로부터 받은 조직의 피해를 다시 이전 상태로 되돌려놓는 역량을 의미한다. 이러한 관점에서 리질리언스는 일정한 수준까지 빠르게 회복할 수 있는 전략 또는 역량에 초점을 맞추게 된다.

두 번째는 회복을 넘어서 새로운 역량 개발로 다른 기회를 창출하는 확장된 의미의 리질리언스로, 생태학적 의미의 리질리언스라고 할 수 있다. 우리는 이러한 확장된 의미의 리질리언스에 특별히 주목할 필요가 있다. 이 역량을 토대로 위기를 맞았을 때 보다 빠른 속도로 이겨내고 오히려 퀀텀점프를 함으로써 새로운 차원의 성장과 도약을 할 수 있게 된다. 이러한 리질리언스를 갖춘 기업 조직은 예상치 못한 도전 과제를 기회로 바꿀 수 있는 역량을 갖추고 있기 때문에 계속해서 발전한다. 현재 직면한 어려움을 해결하는 데만 초점을 맞추지 않고, 이를 기회로 전환하여 성공적인 미래를 구축한다.

기업의 경쟁력은 2가지 역량을 통해 구축되는데, 하나는 현재 목표에 대한 성과이고, 다른 하나는 시장의 변화에 적응하기 위한 혁신이다. 결과적으로 리질리언스가 높은 조직은 혁신을 통해 복잡한 경제·경영 환경에 수반되는 리스크를 성공적으로 극복하고, 조직의 목표를 효율적으로 달성하게 된다.

기업이 변화를 인지하고 위기를 기회로 전환하여 지속가능한 성장을 이룰 수 있는 역량을 구축하기 위해서는 리질리언스 수준을 높여야 한다. 이를 위해 3가지 요소에 집중해야 하는데, 바로 환경 이해력, 전략 수립력, 목표 추진력이다.

신속하고 **예리**하게 파악하라

/

환경 이해력

개인에게 대인관계 능력의 핵심은 공감을 통한 소통이다. 기업 또한 사람들로 이루어진 조직이기 때문에 구성원들 개개인의 대인관계 능력을 높여주는 환경이 기업의 리질리언스를 높이기 위해 필수적인 요소가 된다. 이를 통해 기업의 환경 이해력을 키울 수 있다.

기업은 현재 처한 상황과 잠재적 리스크를 정확히 파악하고 미리 준비하여 빠르게 대응할 수 있는 능력을 길러야 한다. 이를 위해서는 기업 내부의 취약점뿐만 아니라 조직의 핵심 역량과 기술에 대해 인지하고, 조직에서 발생하는 크고 작은 문제들에 대한 모니터링이 선행되어야 한다. 항상 '유일한 최선책(one best way)은 없다'고 생각하며 임기응변의 해결책보다 더 나은 방법이 무엇인지 끊임없이 탐구하고 시도하는 노력이 중요하다.

178년 동안 장수해온 글로벌 기업 P&G는 1924년부터 데이터 분석을 통해 소비자들의 니즈를 파악하고 시장조사를 하며 조직의 미래에 대해 끊임없이 탐구해왔다. 이러한 '인지력'(뒤에서 자세히 설명)으로 P&G는 조직의 리질리언스를 유지할 수 있었다.

인지력은 리더의 강력한 리더십과 조직문화를 통해 형성된다. 현재의 상황을 예리하고 신속하게 인지하고 구성원들과의 소통과 공유를 통해 집단지성을 발휘할 수 있어야 한다.

핵심 역량에 집중하라

/

전략 수립력

    개인에게 자기조절 능력의 핵심은 자기 자신을 먼저 알고, 부정적인 감정 상태를 통제하며, 문제 상황을 객관적으로 판단하여 난관을 성공의 발판으로 삼을 수 있는 능력이다. 기업 차원에서는 이것이 전략 수립력이라고 말할 수 있다. 즉, 위기 상황에서 재빠르게 조직의 핵심 역량을 찾아 목표를 수립하여 위기를 극복해나가는 것이다.

    기업이 전략 수립력을 갖추기 위해서는 직원들을 참여시켜 커뮤니케이션이 활발한 조직문화를 구축하는 것이 선행되어야 한다. 그래야만 조직 내외의 자원을 효율적으로 활용하여 위기 상황에서 벗어날 수 있게 된다.

    2001년 9·11 테러 이후 미국의 항공산업은 큰 타격을 받았다. 이러한 위기에서 벗어나기 위해 많은 항공사들이 정리해고를 주된 전략으로 삼았다. 대표적으로 US항공(US Airways)은 테러 직후 286명의 조종사를 해고했고, 2002년에도 286명의 조종사를 추가로 내보냈다. 1만여 명의 승무원 가운데 40%에 가까운 3,775명의 승무원을 해고하기도 했다. 반면에 사우스웨스트항공(Southwest Airlines)은 상반된 결정을 내렸다. 테러 직후에도 정리해고를 단행하지 않았고, 도리어 2002년 2월 4,000여 명의 신규 직원을 채용하겠다고 발표했다. 이렇게 직원과의 관계에 집중한 사우스웨스트항공은 이후 최고의 경쟁력을 자랑하는 항공사로 거듭나게 되었다. 메릴린치증권의 한 애널리스트는 이렇게 말했다.

"사우스웨스트항공의 조치는 직원들의 충성도를 더욱 끌어올렸으며,

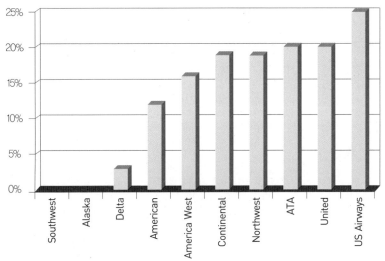

9·11 테러 이후 항공사 직원 해고 비율

출처: 미국교통통계국, 조디 호퍼 기텔 외(2006)

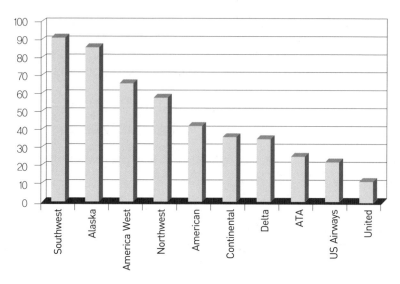

항공사 평균주가 회복 현황(2001. 12. 10~2005. 9. 10)

출처: 야후금융, 조디 호퍼 기텔 외(2006)

주요 항공사들보다 높은 생산성을 올릴 수 있게 만들었다. 사우스웨스트항공은 위기 상황에서 기업의 생존 전략을 전문 인력, 관리자, 노조, 공급자에 집중하는 것에서 찾았다. 이는 이후 어려운 조건 속에서도 직원들이 기업에 충성하는 문화를 만들며 지속가능한 발전이 이루어질 수 있게 했다."

　사우스웨스트항공처럼 자신의 핵심 역량에 집중하는 전략은 혼돈의 상황에서 확실한 방향성을 제시하며 흔들리지 않는 경영의 단단한 기반으로 작용한다. 기업에 닥친 위기 속에서도 직원들이 비판적으로 생각할 수 있게 만들어주며, 어떤 자원을 어떻게 활용할지 스스로 알 수 있게 해준다.

우리는 모든 위기에 대해 완벽히 준비할 수는 없다. 하지만 시의적절한 전략 수립과 함께 최적의 행동을 취한다면 어떤 위기도 이겨낼 수 있다. 이러한 기업의 전략 수립력은 '극복력'(뒤에서 자세히 설명)으로 설명할 수 있다.

어떤 전략을 수립하느냐가 기업의 미래 경쟁력을 좌우한다.

위기에도 **창조적**으로, **유연**하게

/

목표 추진력

개인의 긍정력은 자신에 대한 낙관적 믿음을 통해 삶을 능동적으로 이끌어가는 힘이다. 이것이 결국 높은 업무 성취도로 이어진다. 마찬가지로 기업에서도 긍정력을 바탕으로 과감하게 목표를 추진할 수 있는 역량을 갖출 수 있다. 이를 위해서는 창조적이고 유연한 기업문화가 필요하다. 그러한 문화가 직원들의 '브리콜라주(bricolage)' 능력을 키워 기업을 리질리언스가 높은 조직으로 이끈다. 브리콜라주는 우리말로 '여러 가지 일에 손대기', '수리'라는 의미로, 이를 수행하는 사람을 브리콜뢰르(bricoleur)라고 일컫는다. 프랑스의 인류학자 클로드 레비-스트로스(Claude Levi-Strauss)는 그의 저서 《야생의 사고》에서 "브리콜뢰르는 한정된 자료와 도구를 이용하여 어떤 상황에서도 창조적인 결과물을 내놓는다"고 말했다. 또 미국의 조직이론가 칼 윅(Karl Weick)은 "브리콜뢰르는 어떠한 상황에서도 문제를 풀기 위해 창조적으로 작업을 진행한다"고 했다.

물류기업 UPS를 살펴보면, 기업문화가 직원들의 브리콜라주 능력을 키우고, 이것이 기업의 리질리언스 역량을 키우는 데 중요한 역할을 하고 있음을 알 수 있다. UPS는 언제나 제시간에 물건이 도착할 수 있게 직원들을 독려한다. 그래서 신호등 고장이나 타이어 훼손, 폭풍우 등 예기치 못한 문제가 발생했을 때에도 이를 어떻게 해결할 수 있는지를 고민하고 대비하는 것이 직원들의 문화로 자리 잡았다. 이러한 문화는 1992년 플로리다에 허리케인 앤드루가 닥쳤을 때 효과적으로 작용했다. 폭풍으로 인해 수십억 달러의 피해가 발생되었고, 집을 잃은 많은 사람들이 차에서 생활을 해야 했다. 이때 UPS의 직원들은 지체 없이 피해를 입지 않은 지역에서 물품을 공수하여 플로리다 주민들에게 배달해주었다. UPS의 '브리콜뢰르'들이 엄청난 재해 속에서도 업무를 수행했기에 가능한 일이었다.

바람직한 기업문화는 직원들이 프로그래밍된 명령 속에서 움직이게 하는 것이 아니라 직원들 스스로 목적의식을 가지고 상황에 적절한 행동을 하게 하는 것이다. 이와 같은 목표 추진력은 기업의 '행동력'(뒤에서 자세히 설명)으로 표현될 수 있다. 위기에 대응하는 혁신적 해결책을 강구하기 위해 조직 구성원들이 창조적이고 유연하게 사고하며 선제적 행동에 나서는 것이다.

이처럼 기업은 환경 이해력, 전략 수립력, 목표 추진력을 통해 리질리언스를 높이게 된다. 이 3가지 요소를 통해 기업은 새로운 기회를 창출하여 단순한 회복을 넘어 앞으로 전진하는 진화 능력(evolvability)을 내장하게 된다. 이러한 능력은 기업이 변화를 인지하고, 융통성 있게 대처하여, 새로운 기회를 창출할 수 있게 해준다. 결과적으로 변화 이후에 더욱 강력한 경쟁력을 갖춰 보다 뛰어난 성과를 거둘 수 있게 된다.

4

원하지 말고 나서라

미래예측과 인(認)·극(克)·행(行)

내가 **왕**이 될 상인가

/

미래예측의 어제와 오늘

영화 〈관상〉에서 거사를 감행하기 전 수양대군(이정재 분)이 관상가 내경(송강호 분)에게 미래를 묻는 장면이 나온다. 아마도 수양대군은 거사를 앞두고 자신의 관상을 통해 어찌 될지 모르는 앞날에 대해 조금이나마 확신을 가지고 싶었을지 모른다. 그리고 영화 말미에 수양대군은 다시 한 번 이렇게 묻는다.

"내 얼굴이 왕이 될 상인가?"

이미 거사에 성공한 수양대군이지만 아직은 왕이 되지 않은 상황에서 또다시 자신의 미래를 궁금해한 것이다. 실제로 그는 훗날 조선의 7대 왕 세조가 되었지만, 왕이 되는 그날까지 미래를 알고 싶어 하는 갈망을 품고 있었다.

진화론적 관점에서 볼 때 인간은 미래에 대한 예측을 통해 앞으로 일어날 가능성이 있는 위험들을 사전에 파악하고 예방함으로써 안정적이고 지속적인 성장과 번영을 추구해왔다. 이와 더불어 미래연구 역시 '인간'인 수양대군이 그랬던 것처럼 내일에 대한 불안감과 호기심을 기반으로 꾸준히 발전해왔다. 시대별로, 국가별로 다양한 형태를 보이긴 했으나 그 바탕에는 항상 인간의 불안감과 호기심이 깔려 있었다.

뿌리 깊은 미래연구의 기원

미래연구는 역사적으로 뿌리가 깊다. 고대 로마나 중국에서 천체 관측을 토대로 가뭄과 홍수를 예지하고자 한 노력이나, 큰 전쟁이나 국가 중대사의 결정을 앞두고 주술사를 불러 길흉을 점치는 행위도 미래연구의 한 형태로 볼 수 있다.

인류의 운명과 미래는 오로지 신의 뜻에 의해 결정된다는 기독교 사상이 강력하게 지배했던 중세시대에는 미래연구가 위축되는 경향을 보였다. 당시에는 주로 문학이나 예술작품을 통해 간접적으로 미래에 대한 관심을 드러내곤 했다. 우리가 익히 알고 있는 프랑스의 점성가 노스트라다무스도 중세에는 주목받지 못하다가 오늘날에 와서 이름을 날리게 된 경우다.

이후 미래연구는 르네상스와 근대 혁명기를 거쳐 세상을 바라보는 인간의 관점이 합리적으로 변함에 따라 부흥기를 맞게 되었고, 오늘날에는 첨단기술의 발전에 힘입어 보다 높은 정확성과 객관성을 추구할 수 있게 되었다. 대용량 데이터를 순식간에 처리할 수 있는 슈퍼컴퓨터에 기반한 빅데이터 분석과 이를 통한 고도의 시뮬레이션 등으로 신뢰성을 더욱 높여가고 있다.

미래학의 태동

영국의 소설가이자 미래학자인 허버트 조지 웰스(Herbert George Wells)는 1901년 발간된 자신의 저서 《기계와 과학적 발전에 기반한 인류생활과 사고에 관한 예견(Anticipations of the Reaction of

미래학의 초기 흐름

출처: 삼정KPMG 경제연구원 재구성

Mechanical and Scientific Progress Upon Human Life and Thought)》
을 통해 2000년대 인류의 생활상에 대해 다양한 언급을 했다. 이 책에
는 이동수단의 발달로 도심에서 외곽으로 인구가 분산될 것이라는 내용
뿐만 아니라 유럽연합의 탄생과 같은 사회구조적 변화 등에 대한 예측
들도 담겨 있었다.

하지만 본격적인 미래학의 연구는 1, 2차 세계대전이 끝난 후에 비로
소 시작되었다고 볼 수 있다. 미래학을 뜻하는 퓨처로지(futurology)라
는 용어도 1943년 미국의 정치학자 오시프 플레이트하임이 처음으로 사
용한 것이고, 미래예측과 관련한 방법론도 2차 세계대전 말에 선보인 과
학기술에 의해 탄생했다고 보는 것이 일반적이다.

미래학의 번영기

1960년대는 미래연구가 절정에 달한 시기다. 미래학 연구를 위한 협
회와 조직들이 세계 각국에서 생겨나 활발한 활동을 전개하면서 현대
미래학의 근간을 마련했다. 특히 유럽과 미국을 중심으로 미래를 연구
하는 다양한 단체들이 생겨났다. 실용주의적 미래연구에 초점을 둔 세
계미래협회(The World Future Society), 학자와 교수 중심으로 가치 지
향적 부분에 집중하는 국제미래연구콘퍼런스(세계미래학연맹World
Futures Studies Federation의 전신)가 이때 조직되었다. 전후 급속한 경
제 성장을 이룬 일본도 이 시기에 미래학의 절정기를 맞는다. 1968년 일
본미래학회가 설립된 것을 기점으로 1969년에는 '21세기 초 일본의 로드

맵'에 대한 청사진을 제시하는 단계까지 발전했다.

미래학의 발전에서 1960년대에 주목할 만한 또 하나의 특징은 국가 중심의 미래예측이 시작되었다는 것이다. 세계 각국 정부가 미래예측을 국가 발전의 핵심 원동력으로 인식하고 이를 이끌어갈 정부조직을 신설하는 움직임이 일어났다. 국가가 중심이 되어 미래예측을 주도하는 시대가 열린 것이다.

이 시기에 OECD는 회원국들에 미래예측 정책 개발에 관한 권고안을 발표한다. 이 권고안에는 정부출연연구소, 독립 연구기관 및 대학 연구실의 상호 연계를 통해 관련 정책 및 방법론을 개발하는 내용이 담겨 있었다. 복잡성을 내포하는 미래예측에서 다양한 학제 간 관점을 포괄하여 해답을 찾으라는 제안이었다.

이후 성장을 거듭한 정부 주도의 미래연구는 1970년대에 이르러 보다 체계화된다. 단기적인 일회성 프로젝트에 기반한 기존의 연구 흐름

OECD가 권고한 미래예측 정책개발 관련 주요 제안

미래예측 활동을 위해 OECD가 권고한 주요 제안(1960년 후반)
유연한 사고로 다양한 의견을 개진하는 연구기관 설립, 운영
장기적 관점에서 미래를 예측하는 사회과학방법론의 이용, 개발
과학적 방법론을 적용하는 정책기구의 역할 확대
정부와 과학계의 긴밀한 대화 채널 구축
정책결정자는 사회과학에서 발견한 것들을 정책에 적극 반영

출처: 박성원, '주요국의 미래연구 기법', 《한국의 미래 모습과 정책 과제》(제1권), 법문사, 2009

에서 벗어나 장기적·상시적으로 운용되는 미래연구조직을 토대로 미래
지향적인 방향으로 전환하게 된다. 이 시기에 각국은 정부 산하 미래기
구와 자문단 설립을 본격화하는데, 미국과 영국이 가장 적극적으로 움
직였다. 미국은 국가정보위원회(National Intelligence Council)를, 영국
은 중앙정책자문단(The Central Policy Review Staff)을 창설했는데, 이
가운데 미국의 국가정보위원회는 세계 최초의 정부 산하 미래기구로서
발전을 지속하여 지금까지도 미국 미래 전략 연구의 핵심 역할을 수행

정부의 미래연구에 대한 태도 변화

전통적인 방법	미래지향적 방법
단기 대응(1년~2년)	장기 대응(5년~20년)
반응(Reaction) 기반	예상(Anticipatory) 기반
위기 시 반응(Crisis-Driven) 중심	조기 대응 중심(Emerging issues-oriented)
예산액의 점진적 증가에 관심	예산을 어느 곳에 집행할지에 관심
부처별 미래 계획 수립	국가 전체의 이해를 반영하는 미래 계획
일회성(One-time Project)	상시(On-going Projects)
비공식적 대응	공식적 대응
장기 계획을 위한 기구 부재	장기 계획을 위한 기구 존재

출처: 키언 차이(Keon S. Chi), '정부의 미래예측 활동(Foresight Activities in State Government)', 〈미래연구
(Futures Research Quarterly)〉

하고 있다. 4년 단위로 세계의 미래를 예측하는 〈글로벌 트렌드(Global Trends)〉 보고서를 발표하는 등 포괄적인 미래연구를 진행 중이다.

앨빈 토플러와 미래학

1970년대에는 정부 주도의 미래연구만큼이나 개인 중심의 연구도 활발하게 일어났다. 이때 나온 미래학 저서들 가운데 가장 많이 알려진 것이 미국의 미래학자 앨빈 토플러(Alvin Toffler)가 집필한 《미래의 충격(Future Shock)》이다. 지금까지 전 세계에서 600만 부 이상 판매된 이 책은 미래에 벌어질 기술적·사회적 변화의 가속화로 개인과 집단의 적응이 어려워질 것이라는 내용을 다루고 있는데, '지식의 과부하', '권력 이동', '디지털 혁명' 등의 표현들은 현재까지도 일상적으로 사용될 만큼 영향을 미치고 있다.

앨빈 토플러가 1980년에 내놓은 《제3의 물결》에서는 더욱 흥미로운 미래상이 펼쳐진다. 특히 이 책을 통해 처음으로 소개된 '프로슈머(prosumers)'는 생산자와 소비자의 역할을 동시에 수행하는 주체를 의미하는 개념으로, 당시만 해도 낯설게 받아들여졌으나 근래 들어 현실로 나타나기 시작했다.

이처럼 앨빈 토플러가 그렸던 미래의 모습이 현실화되면서 그를 빼놓고는 미래학을 말하기가 어려울 정도가 되었다.

미래예측에서 영향력 분석으로

21세기 들어서는 미래에 대한 인식의 변화로 미래연구 방법이 달라지고 있다. 미래에 대한 예측의 목표를 '불확실성의 제거'에서 '복잡성의 인정'으로 전환해야 한다는 인식이 대두되어 예측 방법에 변화가 일어났다. 즉, 트렌드 분석을 기반으로 한 미래예측보다는 아직까지 표면적으로 드러나지 않은 이슈들을 조기에 발굴하여 이러한 이슈들이 일으킬 영향력을 분석하는 방향으로 흐름이 형성되고 있다.

이에 따라 기존의 미래예측 방법에서 탈피하여 사회 전반의 미래 모습을 제시하려는 연구가 광범위하게 진행되고 있다. 또한 각국 정부의 정책적 목표도 이에 맞추어 변화되고 있다. 즉, 단순한 미래예측을 넘어 대안을 제시할 수 있는 방향으로, 현재 세대 중심의 연구보다는 미래 세대 중심의 연구로 방향의 초점이 맞춰지고 있는 것이다.

정확히 알고 싶다

/

미래예측 방법

앞에서 언급했듯이 미래를 예측하기 위한 인류의 노력은 과학을 기반으로 보다 합리적이고 논리적인 방향으로 발전해왔다. 그 과정에서 많은 미래연구 방법들이 만들어졌는데, 2009년 열린 유엔미래포럼을 통해 발표된 〈Futures Research Methodology V3.0(미래예측방법론 3.0버전)〉에 따르면, 크게 다음의 40가지로 요약할 수 있다.

시대별로 보면 1950년 전후에는 설문지를 이용한 델파이 기법과 시나리오 기법이 주로 사용되었고, 1970년부터는 트렌드 영향 분석, 환경 스캐닝, 이머징 이슈 분석, 퓨처스 휠과 같은 방법들이 크게 유행하기 시작했다. 최근에는 텍스트 마이닝(text mining)처럼 정형화된 데이터뿐만 아니라 비정형 데이터까지 분석해서 미래를 예측하려는 시도들이 주를 이루고 있다.

유엔미래포럼의 미래연구방법 40

	방법론		
1	환경 스캐닝 Environmental Scanning	21	시뮬레이션과 게임 Simulation and Games
2	델파이 기법 The Delphi Method	22	와일드 카드 Wild Cards
3	리얼타임 델파이 Real-Time Delphi	23	미래비전 활용 Using Vision in Futures
4	퓨처스 휠 The Futures Wheel	24	표준예측 Normative Forecasting
5	퓨처스 폴리곤 The Futures Polygon	25	체계적 문제해결 TRIZ
6	트렌드 영향력 분석 Trend Impact Analysis	26	과학기술 로드맵 S&T Road Mapping
7	크로스임팩트 분석 Cross-Impact Analysis	27	필드 변칙 완화 Field Anomaly Relaxation
8	천재적 예측, 직관 통찰력 Genius Forecasting, Intuition and Vision	28	기술예측 텍스트 마이닝 Text Mining for Technology Foresight
9	구조적 분석 Structural Analysis	29	에이전트 모델링 Agent Modeling
10	시스템모델 The System Perspective	30	예측시장 Prediction Markets
11	의사결정 모델링 Decision Modeling	31	카오스이론 극복 Coping with Chaos
12	대입 분석 Substitution Analysis	32	국가 미래지수 State of The Future Index
13	통계학 모델링 Statistical Modeling	33	SOFI 소프트웨어 SOFI Software System
14	기술발전단계 분석 Technology Sequence Analysis	34	신경회로망 적용 Applications of Neural Networks to Futures Research
15	시나리오 기획 툴박스 A Toolbox for Scenario Planning	35	멀티 전망 개념 The Multiple Perspective Concept
16	분야별 관련성 분석 Relevance Trees	36	형태학적 분석 Morphological Analysis
17	시나리오 Scenarios	37	발견적 방법 모델링 Heuristics Modeling
18	상호작용 시나리오 Interactive Scenarios	38	개인 미래예측 Personal Futures
19	확고한 의사결정 Robust Decision-making	39	일상 분석법 Causal Layered Analysis
20	참여 기법 Participatory Methods	40	통합비교 Integration, Comparisons and Frontiers of FR Methods

출처: 유엔미래포럼(2009)

과거에는 미래예측에서 관련 전문가들의 의견을 중심으로 한 정성적
인 방법들이 많이 사용되었다. 그와 달리 현재에는 첨단 IT기술의 발전
으로 역사상 그 어느 때보다 풍부한 데이터를 보유하게 되고 방대한 데
이터들을 분석할 수 있는 다양한 통계툴(tool)이 개발되면서 정량적인

방법들의 활용도가 높아지고 있다. 그러면서 전통적인 미래예측에서 결여되었던 객관성을 확보할 수 있게 되었다. 그러나 이러한 방법들 또한 미래예측의 확실성을 담보하기에는 한계가 있었다. 개념이 완전히 정립되지 않은 상태인 데다 미래에 영향을 미치는 모든 요인들을 데이터화하기가 현실적으로 불가능했기 때문이다. 그래서 지금은 정성적인 방법과 정량적인 방법을 조화롭게 결합하여 미래예측의 정확성을 보다 높이는 데 주력하고 있다.

기업의 미래연구와 리질리언스

인간이 미래연구에 대해 그랬던 것처럼 기업도 신사업 진출에 대한 호기심과 기존 사업에 대한 불안감으로 미래연구를 도입하게 되었다.

과거에는 사업 전략을 수립하기 위한 미래예측 과정에서 전문경영인의 경험과 감각에 바탕을 둔 노하우가 중심이었다. 전문경영인이 미래를 보는 시각, 즉 '사업적 안목'이 기업의 경영과 성공에 절대적인 요소로 작용했고, 그것은 리더가 가져야 할 필수 능력이기도 했다. 하지만 현대의 기업들은 빠르게 변화하는 첨단기술과 이를 기반으로 성장을 거듭하는 다국적 기업들 사이에서 무한경쟁을 해야 하는 상황에 놓여 있다. 전문 경영인의 안목만으로는 기업의 미래를 헤쳐나갈 수 없는, 한마디로 개인의 경험 기반 예측이 도전받는 시대라고 할 수 있다.

이 때문에 기업들은 내외부의 데이터시스템을 기반으로 한 정량적 분석에다 다양한 채널로부터 입수되는 정보와 경영자의 안목을 종합한 정

'2015 빅데이터 활용 기업 글로벌 트렌드'의 조사 항목 중 빅데이터 분석의 중요성

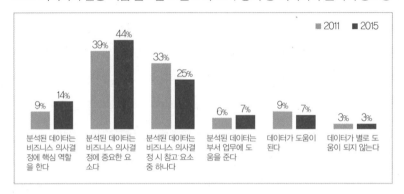

출처: '빅데이터의 진화: 미래를 위한 새로운 기업 역량 구축하기'(Big data evolution: Forging new corporate capabilities for the long term', 〈이코노미스트〉, 2015
주: 2015년 이코노미스트가 전 세계 550개 기업을 대상으로 실시한 인터뷰 조사 결과로, 9개 대륙별로 나누어 조사함

성적 분석을 통해 미래 사업을 예측하고 있다. 매출 관련 데이터와 소셜 미디어로부터 흡수되는 정보들을 융합한 빅데이터 분석을 통해 소비자들의 성향을 파악하고 소비 패턴의 변화를 예측함으로써 미래의 마케팅 전략 등을 수립하는 것이다.

혼돈의 시대를 이기는 3가지 키워드

오늘날은 모든 것이 하루가 다르게 변하면서 어제의 산업 패러다임이 언제까지 지속될지 보장받지 못하는 혼돈의 시대다. 이러한 카오스(CHAOS) 시대에 기업이 현재의 생존과 미래의 성장을 담보하려면 무엇보다 정확한 미래예측에 기반해야 한다. 하지만 미래예측만으로는 부족하다. 혼돈의 시대에는 무슨 일이 언제 일어날지 알 수 없는 경우가 비

일비재하다. 미처 예측하지 못한 사건이 수시로 발생하기도 하고, 예측 자체가 잘못될 가능성도 높다. 따라서 어떤 일에도 신속하고 효과적으로 대응할 수 있는 역량을 갖추어야 한다. 때로는 위험이 크다고 예상되는 사업으로 과감하게 전환하는 용기도 필요하다. 우리가 '리질리언스'를 강조하는 이유가 여기에 있다. 닥친 위기를 빠르게 극복해내는 것은 물론, 위기 이전보다 도약해서 더 성장하는 기업이 되기 위한 필수 요건이기 때문이다.

그렇다면 기업이 리질리언스를 갖추기 위해 어떤 노력을 기울여야 할까? 이 책에서는 이에 대한 해답을 인(認)·극(克)·행(行)으로 제시하고자 한다.

알고, 이겨내고, **움직여라**

/

카오스에 빠진 기업의 3가지 성공 코드

현재 우리는 인터넷을 기반으로 한 정보의 홍수 속에서 살고 있다. 하루가 다르게 쏟아져 나오는 정보들 앞에서 사람은 현명해질 수도 있고, 더 혼란스러워질 수도 있다. 기업도 마찬가지다. 수많은 정보들 중에서 자사에 적합한 정보를 인지하고 해당 정보의 사실 유무를 파악하여 활용할 줄 아는 기업이 보다 나은 미래를 설계할 수 있다.

시장을 선도하는 '인지력'(認)

과거에는 미래에 대한 인지력을 거시적 차원에서 다루거나 학문적으로 연구한 경우가 대부분이었다. 그런데 최근에는 기업 차원의 연구가 점차 활발해지는 추세다. 각종 정보들이 실시간으로 유통되고 대내외적으로 불확실한 경영 환경이 이어지는 속에서 미래를 정확하게 인지하고 선점하는 기업만이 경쟁력을 확보하고 위험과 손실을 줄일 수 있기 때문이다.

기업이 자사에 적합하지 않은 정보나 부정확한 정보를 이용해서 미래를 준비할 경우 마치 첫 단추를 잘못 끼우는 것처럼 연속적으로 심각한 문제가 발생할 우려가 있다. 시간적·비용적으로 손실일 뿐 아니라 고객과의 관계에도 악영향을 초래하여 결국 기업의 존립까지 위태로울 수 있다.

미래에 대한 뛰어난 인지력을 발휘하는 기업들이 있다. 이들 기업은 남들이 보지 못하는 현상을 인지하여 불가능해 보였던 첨단기술과 디자인을 현실화한 제품들을 시장에 내놓는다. 대표적인 예로 애플, IBM, 인텔을 들 수 있다. 이들은 저마다 특화된 분야에서 경쟁 상대가 없다는 평가를 받으며 세계 시장의 표준이 되어 막대한 영향력을 행사한다.

인지력은 시장을 선도해갈 수 있는 강력한 원동력으로, 모든 기업이 우선적으로 갖추어야 할 필수 역량이다.

장애가 많을수록 중요해지는 '극복력'(克)

하지만 인지력만으로는 모든 것을 해결할 수 없다. 정확한 정보를 바탕으로 미래를 인지했다 하더라도 그것을 실행하기까지 내·외부의 장애와 위험 요소를 극복해야 한다. 특히 지금처럼 끊임없이 변화하는 시장 환경, 급증하는 정보량, 새로운 도전과 경쟁 속에서는 수시로 발생하는 온갖 변수들을 효과적으로 극복할 수 있는 능력이 그 어느 때보다도 중요하다. 이러한 극복력을 갖지 못한 기업은 손실과 가치 하락을 감수해야 할 뿐만 아니라 결국 파산을 면치 못하게 된다.

위험 극복은 기업의 안정적인 수익과 성장의 필수 과정이다. 또한 위기를 극복하며 축적한 경험들은 기업의 노하우와 관리 능력으로 승화되어 확고한 경쟁력으로 정착하게 된다. 우리는 실제로 파산 직전까지 몰렸던 기업들이 특유의 극복력으로 위기 극복은 물론 한 단계 더 성장하는 경우를 보아왔다.

세계 최대 커피체인점인 스타벅스는 2007년 세계적인 경기 침체와 함께 경쟁업체들이 속속 등장하면서 주가가 40%로 폭락하는 등 도산의 위기에 처했지만, 제품·인사·조직 등의 대대적 혁신을 통해 다국적 기업의 위용을 회복했다. 어린아이뿐 아니라 어른에게도 인기가 많은 레고 역시 2000년대 초반부터 소니의 플레이스테이션과 마이크로소프트의 엑스박스 같은 디지털 게임기의 등장으로 시장의 트렌드가 바뀌면서 매각의 위기에 처했지만, 전문경영인 영입과 단호한 구조조정, 신제품 개발 등을 통해 레고만의 정체성을 확립하여 다시금 세계 최고의 장난감업체로 일어섰다.

모든 기업은 위기에 직면한다. 하지만 위기를 극복하는 기업이 있고, 위기에 무너지는 기업이 있다. 평소에도 기업들이 위기를 극복할 수 있는 능력을 키워야 하는 이유가 여기에 있다.

결과를 만드는 '행동력'(行)

기업이 지속가능한 발전을 이루기 위해서는 현재에 충실하면서 동시에 미래를 열어갈 수 있어야 한다. 이때 필요한 역량이 '행동력'이다. 이는 곧 변화와 혁신을 위한 과감한 추진력이라고 할 수 있다.

기업은 새로운 것을 창조하며 변화해나가는 데 존재 의의가 있다. 늘 같은 자리에 머물기만 하는 기업은 시간이 지남에 따라 도태되기 마련이다. 모든 기업의 변화는 행동력에서 시작하여 행동력으로 끝난다.

글로벌 기업들은 '일은 이루어져야 한다'는 신념을 가지고 실행에 철저한 모습을 보인다. 아무리 좋은 전략과 아이디어가 있다 하더라도 행동력이 없으면 아무 소용이 없다는 사실을 잘 알기 때문이다. "혁신이란 오직 멋지게 실행될 때에만 가치 있는 것이다"는 아이데오(IDEO)의 CEO 팀 브라운(Tim Brown)의 말과 같이, 일은 실행될 때 비로소 의미를 갖는다. 현대그룹의 창업자 정주영 회장이 갖가지 부정적 이유를 들어 사업 추진을 꺼리는 임직원들에게 "해보긴 해봤어?"라며 실행을 역설했다는 이야기는 너무도 잘 알려져 있다. 어쩌면 이 한마디야말로 동네 쌀가게에서 세계 유수의 대기업으로 성장한 현대그룹의 진정한 원동력이었는지 모른다.

사실 현재의 일과 달리 쉽지 않은 변화를 수반하는 미래의 일은 성공 여부를 판단할 수 없는 경우가 태반이다. 불확실성이 크기 때문이다. 그래서 기업들은 혁신을 추진하기에 앞서 분석과 검토에 많은 투자를 한다. 그러나 제아무리 준비를 많이 한다 해도 실제 추진 과정에서 예상치 못한 돌발 변수가 튀어나오게 마련이다. 완벽한 준비란 있을 수 없다. 그런데도 준비에 완벽을 기하기 위해 너무도 많은 시간을 논의와 검증에 소비하는 경우가 적지 않다. 물론 성공 확률을 높이기 위한 노력도 중요하지만, 기업의 미래를 여는 변화를 위해서는 과감하게 일을 추진하면서 그 과정에서 학습하고 개선해기는 행동력이 더 중요하다.

5

알면 대응할 수 있다

인지력(認知力)

칼날의 **날카로움**, 화살의 **신속함**

/

어떻게 알았을까

앞에서 우리는 지속적인 성장을 위해 기업이 갖춰야 할 리질리언스의 요소로 인지력과 극복력, 행동력을 꼽았다. 이제부터 이들 각각의 역량을 실제 사례들을 통해 좀 더 구체적으로 살펴볼 것이다.

인지(認知)란 사전적으로는 '어떤 사실을 인정하여 안다'는 뜻이다. 심리학에서는 '자극을 받아들이고, 저장하고, 인출하는 일련의 정신 과정으로, 지각·기억·상상·개념·판단·추리를 포함하여 무엇을 안다는 것을 나타내는 포괄적 용어로 쓴다'고 정의하고 있다.

인지(認知)라는 한자어에는 매우 심오한 뜻이 담겨 있다. 먼저 인(認)은 말(言)과 마음(心), 칼날(刃)로 이루어져 있는데, 이는 마음속(心)에 확신과 칼날(刃) 같은 분석력을 갖추되, 이를 혼자만의 생각으로 가둬

출처: 삼정KPMG 경제연구원

두지 않고 말(言)이라는 도구를 사용하여 소통한다는 의미로 해석할 수 있다. 또 인(認) 속의 참을 인(忍)자는 단기적인 것에 일희일비하지 않고 장기적인 안목으로 침착하게 기다려야 제대로 인지할 수 있다는 뜻으로 풀이할 수 있다. 다시 말해서 인(認)에는 미래를 내다보는 날카로운 통찰과 말을 통해 집단지성으로 확장시키는 소통, 그리고 장기적 안목이라는 의미가 내포되어 있다.

지(知)는 화살(矢)과 입(口)이 결합한 글자다. 입(口)은 소리를 의미하는 기호로, 화살(矢)과 더해져(知) 화살을 쏠 때 나는 소리처럼 사물의 이치를 빨리 파악한다는 의미와 함께 화살이 과녁에 명중하듯 정확하게 사물의 이치를 꿰뚫는다는 의미를 갖게 되었다. 또한 지(知)는 '알리다'의 뜻으로도 쓰인다. 화살은 수렵과 전쟁에 사용되는 필수 도구로, 사용법을 이해하는 것이 생존과 직결되기 때문에 어른들이 자손들에게 반드시 알려줄 필요가 있었고, 이를 통해 후세들은 생존의 기술을 터득하게 되었던 것이다.

미래를 준비하는 기업의 첫째 조건

인지(認知)라는 단어가 기업들에 시사하는 바는 매우 크다. 기업들이 흔히 저지르는 잘못 중 하나는 섣부르게 판단하여 엉뚱한 방향으로 가는 것이다. 이 때문에 정상의 위치에서 나락으로 떨어지는 기업들이 얼마나 많았는가를 떠올려보면, 인지력의 중요성을 절감할 수 있다.

미래를 준비하는 기업이라면 섣불리 판단하지 말고 현재의 상황을 칼날과 같은 예리함으로 통찰하고, 소통을 통해 구성원들과 공유하여 집단지성을 발휘할 수 있어야 한다. 실제로 많은 기업들이 이러한 인지력을 발휘하여 위험의 본질을 파악하고 미래를 준비해왔으며, 이를 기반으로 시장의 리더로 떠오를 수 있었다.

20세기에 21세기를 고민하다

/

P&G

    P&G(Procter & Gamble)가 178년 동안 존속할 수 있었던 비결은 뭘까? 단적으로 말하면, 날카로운 데이터 분석(刃)을 기반으로 지속적으로 미래예측(知)에 대한 고민을 했기 때문이다.

    P&G는 미래예측 조직을 보유하고 집단지성(言)을 발휘하여 앞을 내다본(知) '인지력' 기업의 대표적인 사례로 꼽힌다. 어떤 글로벌 기업보다 앞서 미래예측에 대비하고 있는 GE의 제프리 이멜트(Jeffrey Immelt) 회장이 "P&G의 창의적 미래 경영을 벤치마킹하고 있다"고 말할 정도로 P&G는 미래를 대비하는 전략 구축에 적극적이다.

비즈니스 스피어: 리얼타임(real-time) 분석부터
미래 전략 구축까지

20세기 초부터 현재까지 P&G의 미래예측을 위한 행보는 '비즈니스 스피어(Business Sphere)'라고 불리는 데이터 시각화 콘퍼런스룸에서 이어지고 있다. 비즈니스 스피어는 1999년 데이터 분석 서비스를 지원하는 조직으로 만들어진 GBS(Global Business Service)가 운영하고 있다. GBS는 직원 7,000여 명이 편성되어 있는 거대 규모의 조직으로, 회사의 4대 주요 조직 중 하나이며 미래예측 전략을 수립하는 데 중추적인 역할을 수행한다.

비즈니스 스피어는 2010년 밥 맥도널드(Bob McDonald) CEO가 강조한 '디지털 혁신(Going Digital)' 방침에 따라 구축되었다. 맥도널드는 P&G가 신속하고 정확한 데이터를 기반으로 한 상황 파악과 의사결정이 이루어지고, 업무의 시작에서 마무리 단계까지 디지털로 관리되는 세계 최초의 기업이 되어야 한다는 목표를 가지고 있었다. 이에 P&G는 디지털 기반의 '리얼타임(real time, 실시간) 경영체계' 수립에 들어갔고, 마침내 글로벌 수준에서 최적화된 리얼타임 경영모델을 구축할 수 있었다. 비즈니스 스피어에서는 리얼타임으로 P&G가 진출해 있는 전 세계 시장 상황을 모니터링하고 분석하고, 그 결과를 각 브랜드 사업부에 제공한다. P&G는 이 특별한 회의실을 통해 의사결정과 협력을 개선하는 것을 목표로 하고 있다.

비즈니스 스피어는 럭비공 모양의 원형으로 굽어진 벽면 형태로, 각 벽면에 와이드 스크린 3개가 연결되어 화면이 양쪽에 투영되는 구조로 만들어져 있다. P&G의 현지 법인이 있는 50여 개국에 비슷한 형태의 회의실이 설치되어 각국의 의사결정자들이 동일한 화면과 데이터를 보며 토론하고 의사결정을 내릴 수 있다. 실시간 판매 데이터를 비롯한 시장 데이터, 공급망상의 재고 데이터, 광고 지출비에 대한 정보 등이 시각화되어 공유된다. 대형 LCD모니터에서 제공되는 시각화 콘텐츠는 각국에서 실시간으로 제공하는 자료뿐만 아니라 경쟁사 및 시장 상황과 관련된 외부 자료까지 취합해서 지속적으로 갱신된다.

P&G의 비즈니스 스피어

P&G GBS 조직 현황	비즈니스 스피어(Business Sphere)		
	구조 및 형태	목표 및 특징	서비스 분야
◆ GBS 조직은 회사의 4대 주요 조직 중 하나이며 7,000명의 인원이 편성되어 있음 ◆ 12만 7,0000여 명의 직원과 180여 개국에서 판매되는 3000여 브랜드를 지원 ◆ IT, 금융, 시설, 구매 및 직원 서비스, 비즈니스 빌딩 솔루션 등의 비즈니스 서비스를 제공 ◆ GBS 모델은 저렴한 비용과 품질, 혁신과 생산성 등 모든 분야를 아우름	• GBS가 운영하는 콘퍼런스룸으로 벽면이 럭비공 모양의 원형으로 굽어진 형태의 회의실 • 각 벽면에 와이드 스크린 3개가 연결되어 화면이 양쪽에 투영되는 구조로 구현됨	• 비즈니스 스피어 회의실에서 의사결정과 협력 개선을 목표로 함 • 현지 법인이 있는 50여개국에 설치, 각국 의사결정자 간 동일 화면·데이터를 보며 토론·의사결정 가능	• '리얼타임'으로 P&G가 진출해 있는 전 세계 시장 상황 모니터링 및 분석 기능 제공 • 실시간 판매 데이터를 비롯한 시장 데이터·공급망상의 재고 데이터, 광고 지출비 관련 정보를 시각화(visualization)하여 공유 • 현상(what)-발생 원인(why)-대안(how)을 발굴하는 일련의 프로세스를 기반으로 분석

출처: 삼정KPMG 경제연구원

또한 비즈니스 스피어는 시나리오별로 현상(what)을 실시간으로 인지하여 발생 원인(why)을 신속히 찾아내고, 미래예측 결과를 바탕으로 전략의 방향을 결정하는 시뮬레이션 및 대안(how)을 적용하는 분석모델(Sufficiency Model)을 기반으로 한다. 이와 같은 분석모델을 통해 P&G는 최고경영진과 지역별 리더들이 필요로 하는 시사점을 발굴해내는 분석 전문가들을 육성할 수 있었다.

오늘날 P&G는 리얼타임 경영시스템을 토대로 전 세계 어느 곳에서 어떤 이상 징후가 나타나도 이를 정확하고 신속하게 감지하고, 해결하기 위한 대안을 찾고, 적용할 수 있게 되었다. 그러나 이와 같은 경영시스템이 최근에 완성된 것이라고는 할 수 없다. P&G의 미래예측을 기반으로 한 경영은 1937년 회사 창립 초기부터 유지되어왔다.

창립 초기부터 미래를 생각하다

"현재와 다음 세대를 위해 전 세계 소비자의 삶의 질을 향상시키는 최상의 품질과 가치를 지닌 브랜드와 서비스를 제공한다"

이는 1837년 두 창업자 프록터(Procter)와 갬블(Gamble)이 P&G를 세울 때부터 지금까지 유지하고 있는 일관된 경영 목표다. 가히 세계적인 생활용품회사로서 전 세계를 무대로 한 소비재 시장에서 입지를 공고히 구축한 P&G의 미래지향적 사고방식을 엿볼 수 있다.

P&G는 1924년부터 데이터 분석으로 소비자의 니즈를 파악하는 데 힘써왔다. 시장조사에서 나온 데이터를 기반으로 소비 패턴을 분석하여

미래를 예측하는 노력을 게을리하지 않았다. 이어 1941년에는 고객서비스 부서를 만들어 소비자들의 문의와 불만에 체계적으로 대처할 수 있는 시스템을 고안했다. 제품과 소비자 관련 데이터베이스를 통해 소비자들의 요구에 선제적으로 대응했을 뿐만 아니라 미래의 니즈(needs)까지 예측할 수 있는 기반을 마련했다.

한편 P&G는 소비자에 대한 높은 이해도와 니즈의 변화에 대응하는 전략을 무기로 글로벌 기업이라는 개념이 생소했던 당시에 본거지인 미국을 벗어나 세계 시장에 과감히 도전했다. 1915년 캐나다를 시작으로 1930년에는 영국에 진출하고, 이어서 유럽·남아메리카·아프리카 등에 진출하는 적극적 행보를 펼쳤다. 이와 같이 선도적으로 해외시장을 개

P&G의 미래 경영

| P&G의 미래 경영 | "미래를 읽고 큰 그림을 그릴 수 있는 역량이 중요하다."
앨런 래플리(Alan Lafley) P&G CEO
"P&G의 창의적 미래 경영을 벤치마킹하고 있다."
제프리 이멜트(Jeffrey Immelt) GE 회장 |

1924년 최초의 데이터 기반 시장 조사	1941년 고객서비스 부서 개설	1915년 ~ 현재 선도적인 해외시장 개척
• 기업 최초로 소비자에 대한 데이터 기반 시장 조사를 실시 • 미래지향적 사고방식은 현재 소비자를 이해하고 소비자 니즈를 예측하는 초석으로 자리잡음	• 1941년 고객 서비스 부서를 개설하여 고객들의 문의와 불만을 체계적으로 대처할 수 있는 시스템 구축 • 문의와 불만에 대한 데이터베이스를 통해 미래 고객의 니즈에 대해 선제 대응	• 본거지인 미국을 벗어나 당시 생소한 개념이었던 글로벌 기업으로서 기반을 구축 • 1915년 캐나다 진출, 1930년 영국을 시작으로 유럽·남미·아프리카 등으로 적극 진출 • 한국에는 1989년 서통과 합작 법인의 형태로 진출하여 1992년에 정식 지사 설립

출처: 삼정KPMG 경제연구원

척하여 오늘날에는 전 세계 180여 개국이 넘는 국가에서 활발한 비즈니스 활동을 벌이는 글로벌 기업으로서 P&G의 브랜드 가치를 높여왔다.

위기에 대비하려면 즉각적으로 연결하라

이처럼 P&G는 일찍이 20세기 초부터 미래지향적 사고방식으로 소비자를 이해하고 니즈를 예측하여 혁신을 거듭한 결과 지금의 자리에 올라설 수 있었다. 전 세계 180여 개국을 상대로 1,000억 달러의 매출과 100억 달러 이상의 이익을 올리고 있는 거대 글로벌 기업이 된 것이다.

하지만 P&G는 현재에 안주하지 않는다. 지금 이 순간에도 미래를 예측하는 방법에 끊임없이 변화를 주고 있다. 격변하는 시장에서 미래를 예측하는 것은 어쩌면 불가능한 일일 수 있다. 게다가 기업의 규모가 커질수록 예측과 대응은 더욱 어려워진다. 판매의 변화를 생산으로, 생산의 변화를 구매로 즉각적으로 연결시킬 수 있어야 어떤 위기 상황에도 대비할 수 있다. P&G가 비즈니스 스피어라는 고도의 시스템을 기반으로 초경쟁 시장에서 끊임없이 생존의 방향을 모색하는 까닭이다.

상황을 인지하고 미래를 예측하여 준비하는 기업만이 전략적 민첩성과 위기 대응력을 키워 시장의 주도권을 행사할 수 있다. 우리가 P&G에서 배워야 할 부분이다.

미래를 읽는 기술

/

로열더치셸

"준비하지 않는 개인과 기업에 미래란 없다."

로열더치셸(Royal Dutch Shell)의 전 기획자이자 미래학자인 피터 슈워츠(Peter Schwartz)가 그의 저서 《미래를 읽는 기술》에서 한 말이다.

네덜란드와 영국의 다국적회사인 로열더치셸은 전투 기법인 '시나리오 플래닝(Scenario Planning)'을 비즈니스의 영역으로 끌어들임으로써 1970년대의 유가 폭등을 극복했고, 2000년대에는 청정에너지 개발사업을 리드하며 세계 최대 규모의 석유회사로 도약했다.

원래 시나리오 플래닝은 적군의 움직임에 따라 차별적인 작전을 미리 수립해놓고, 각 상황에 따라 신속히 작전을 수행하는 군사 기법이다. 이를 비즈니스 영역에 도입한 미국의 미래학자 허만 칸(Herman Kahn)의 연구를 로열더치셸의 기획 전문가인 피에르 왝(Pierre Wack)이 1970년대 초 경영 활동에 접목하여 혁신을 일으켰다. 셸은 분석적인 미래예측을 위해 정치·경제·사회·과학 등 각 분야의 전문가들을 모아 왝을 주축으로 하는 시나리오팀을 조직했다. 셸의 미래에 가장 파급력이 큰 변수 중 하나가 에너지 가격이라고 판단한 왝은 경제적 요인뿐만 아니라 정치적 요인까지 포함하여 유가에 영향을 미칠 수 있는 다양한 변수들을 분석했다.

1970년대는 미국의 채굴 가능 유전이 감소한 반면에 석유 수요는 지속적으로 증가하고 있는 상황이었다. 한편 이슬람 국가들을 주축으로 한 석유수출국기구(OPEC)는 지난 중동전쟁에서 이스라엘을 지원한 서방 국가에 적개심을 드러내며 세계 무대에서 자신들의 힘을 과시할 만한 기회를 찾고 있었다. 이러한 정세를 바탕으로 왝의 팀은 유가 유지와 유가 상승의 2가지 시나리오에 따른 전략을 수립했다. 때마침 1973년 10월, 이집트-시리아의 동맹 세력과 이스라엘 사이에 4차 중동전쟁이 발발하여 전 세계의 유가가 폭등했다. 다른 회사들이 급작스러운 유가 급등에 우왕좌왕할 때 셸은 미리 짜놓은 유가 상승 시나리오 덕택에 설비투자를 축소하고 정유제품의 질을 높이는 등 신속히 대응할 수 있었고, 이로써 7대 글로벌 석유회사 가운데 규모와 수익률이 모두 최하위였던 셸은 1차 오일쇼크 이후 수익률 1위, 규모 2위의 성적을 내며 세계 최대의 석유회사로 급부상했다.

슈워츠가 집대성한 시나리오 플래닝

그로부터 10년 후, 왝이 떠난 자리에 독일인이 새로 부임했다. 그는 바로 9·11테러를 7개월 전에 예측하여 유명해진 미래학자 피터 슈워츠였다. 왝이 비즈니스에 시나리오 기법을 도입한 인물이라면, 슈워츠는 이를 집대성한 사람이다.

당시 경영진은 고유가 흐름을 전제로 사업 전략을 구성하고 있었다. 노르웨이 해저에 매장된 천연가스를 채굴할 계획을 추진하고 있었는데, 투입 비용이 60억 달러 이상이었다. 유가가 폭락하면 손실이 엄청난 사업이었는데, 이를 예견하며 반대하는 사람은 거의 없었다. 이때 슈워츠는 원유와 천연가스의 가격이 하락할 것이라는 신호를 포착했다.

당시 OPEC은 서로 자국의 이익을 챙기느라 생산량 조정에 대한 합의점을 찾지 못해 분열하고 있었으며, 국제적으로는 환경보호의 목소리가 높아져 원유 수요가 둔화되고 있었다. 가장 큰 변수는 당시의 소련이었다. 슈워츠는 서서히 냉전 체제가 완화될 것이라고 전망했다. 그 무렵 유럽은 소련의 원유와 천연가스 수입을 최대 35%로 제한하고 있었는데, 냉전 체제가 완화되면 이러한 제한 기준이 약화되어 원유시장에 공급이 증가할 것이었다. 이에 그는 유가 하락을 전제로 과다 투자를 자제하는 새로운 경영 전략을 제시했다.

그 후 1986년 정말로 유가가 폭락했다. 하지만 슈워츠의 시나리오에 따라 선제적 대응 시스템을 구축해놓은 셸은 이를 계기로 더 높이 도약하게 되었다. 6개월 전에 비해 거의 반값으로 원유를 사들임으로써 거래

량이 다른 회사의 5배 이상에 달하는 성과를 거두었다.

지금도 셸은 시나리오 경영을 통해 불확실한 에너지 시장에서 미래의 전략을 수립해나가고 있다. 우선 12명의 전문가들이 분야별로 인터뷰와 연구를 통해 정보를 수집하고, 모델링 작업을 통해 구체적인 수치를 산출한다. 이러한 작업을 2년에 걸쳐 진행하여 2015년에는 '2050년까지의 장기 에너지 시나리오'를 발표했다. 이 밖에도 셸은 글로벌 시나리오(Global Scenario), 에너지 시나리오(Energy Scenario), 뉴렌즈 시나리오(New Lens Scenario) 등 다양한 관점의 시나리오를 작성한다. 이러한 노력으로 셸은 2010년부터 매출액 기준으로 3년 연속 세계 1위를 차지했으며, 이후 2년간 중국의 시노펙(Sinopec)에 1위 자리를 내주었지만 2위로 그 뒤를 바짝 추격하고 있다.

시나리오 플래닝이 효과를 발휘하려면

시나리오 플래닝에서 중요한 것은 시나리오팀과 핵심 경영진과의 '소통'이다. 미래를 얼마나 정확히 예측하느냐도 중요하지만 경영진이 얼마나 구체적으로 행동에 나서는가가 더 중요하다. 셸의 경영진은 시나리오 분석 결과만 보고받는 것이 아니라 그전의 토론 과정에 직접 참여한다. 과거 피터 슈워츠가 고유가를 전제로 사업 전략을 구축하던 경영진을 설득할 수 있었던 것도 이러한 소통 과정 덕분이었다.

셸이라는 마차가 달릴 때 마부 역할을 하는 시나리오 팀원들은 저널리스트, 은행 출신의 외부 인사부터 탐사 현장에서 근무했거나 시나오 제작을 담당해온 내부 인사까지 다양하다. 전문 분야도 공학부터 물리학, 정치학, 경제학, 해양기술까지 다채롭다. 이렇게 다양한 인력들의 '인지력'을 바탕으로 셸은 한 가지 미래에만 대비하는 전통적 미래예측을 넘어 발생 가능한 여러 상황에 대비하고 있다.

셸의 시나리오팀

이름	Jeremy Bentham	Suman Bery	Cho-Oon Khong	James Schofield	Wim Thomas
직위	Shell Vice President Global Business Environment	Shell Chief Economist	Chief Political Analyst, Shell Strategy and Scenarios Team	Projects Manager, Shell Strategy and Scenarios Team	Head of Energy Analysis Team in Shell's Global Scenario Group
전공	옥스포드대 물리학 학사 매사추세츠공대 경영학 석사	옥스포드대 철학·정치학·경제학 학사 프린스턴대 행정학 석사	런던정경대 정치학 박사		델프트대 해양기술 석사
담당 업무	2006년부터 셸의 Global Business Environment 팀을 책임지고 있음. 미래 시나리오 작성	셸의 고위 경영진과 집행위원회의 고문	정치 동향과 위험성에 대한 고문, 외부환경 분석	정부와의 시나리오 플래닝, 시나리오 보고서 발간	세계 에너지 분석과 장기 글로벌 에너지 시나리오 에너지 자문
과거 경력	1980년 셸 입사 셸의 연구와 기술·제조, 경제·산업 분석과 상업 정보기술에 관여	세계은행(WB) 인도 연방준비은행의 컨설턴트 인도 정치조사기관(NCAER) 이사 인도 수상의 경제자문위원 2012년 셸 입사	1994년 셸 시나리오팀 입사 다수의 Global Scenario와 Energy Scenario 개발 국제기관, 각국의 정부·대학·기업 연구기관과 시나리오 작업 현 영국 정부의 아시아 TF 자문	BBC 비즈니스 저널리스트 UN 고문 2006년 셸 입사 연설문 작성과 외부 안건 고문	1990년 셸 입사 드릴 작업, 지하 저수지 관리, 가스의 상업 및 규제 업무 에너지 경제의 영국 협회장 현 세계석유 협의회 영국 위원장

출처: 셸, 삼정KPMG 경제연구원 재구성. 2016년 2월 기준

자동차만 **연구하지** 않는다

/

다임러의 연구소

미래의 자동차는 어떤 모습일까? 다임러(Daimler AG)의 미래학자들은 지금 이 순간에도 다임러의 미래를 그리고 있다.

독일 자동차업체 다임러는 사회·기술 연구소인 'STRG(Society and Technology Research Group)'를 중심으로 40여 년간 미래의 자동차 시장에 대비해왔다. 미래학자 40여 명으로 구성된 STRG가 다임러의 운명을 이끌어왔다고 해도 과언이 아니다. 다임러는 이 같은 조직의 집단지성(智)으로 미래를 연구하며 '인지력'을 발현시킨 대표 사례로 꼽힌다.

집단지성이 만들어내는 다임러의 미래

다임러의 STRG에서는 미래 사회가 어떻게 변화할지 연구하고, 이와 관련된 자동차산업의 진화 방향을 예측하며 다임러의 미래 시나리오 설계를 지원하고 있다.

STRG의 조직은 크게 차량 콘셉트, HMI(Human-Machine Interface, 인간-기계 간 인터페이스), 인문사회 등 3개 부문으로 나뉜다. 여기에서 수행한 연구 결과는 다임러의 생산 플랫폼과 프로세스를 재설정하는 일에 반영되기도 하고, 비즈니스 전략으로 채택되기도 하며, 조직 개편 등의 결과로 이어지기도 한다. 발 빠른 기술의 상용화, 우수한 자동차 시험 능력, 브랜드 가치를 시장에서 증명하기 위해 노력하는 모습이다.

다임러가 자동차 시장에서 누구보다 일찍 새로운 기술을 접목시켜 남다른 서비스를 창출할 수 있었던 데는 위와 같은 미래예측이 주효했다. 다임러는 미래예측이 기업의 혁신 방향을 설정하고 추진 과정을 견인하

다임러의 STRG 조직

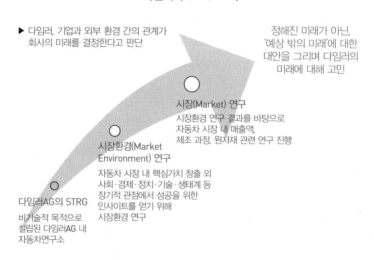

▶ 다임러, 기업과 외부 환경 간의 관계가 회사의 미래를 결정한다고 판단

정해진 미래가 아닌, '예상 밖의 미래'에 대한 대안을 그리며 다임러의 미래에 대해 고민

시장(Market) 연구
시장환경 연구 결과를 바탕으로 자동차 시장 내 매출액, 제조 과정, 원자재 관련 연구 진행

시장환경(Market Environment) 연구
자동차 시장 내 핵심가치 창출 외 사회·경제·정치·기술·생태계 등 장기적 관점에서 성공을 위한 인사이트를 얻기 위해 시장환경 연구

다임러AG의 STRG
비기술적 목적으로 설립된 다임러AG 내 자동차연구소

출처: 다임러AG, 삼정KPMG 경제연구원 재구성

는 것은 물론, 혁신을 방해하는 고정관념을 타파하는 데 활용될 수 있다는 사실을 증명해 보였다.

STRG는 처음에 비(非)기술적(non-technical) 목적의 자동차연구소로 설립되었다. 자동차 시장에서의 핵심 가치 창출 외에 비즈니스 환경, 사회, 시장 모두를 고려한 장기적 관점의 성공을 위한 인사이트를 얻기 위해 STRG를 설립하기로 결정한 것이었다. 그래서 STRG는 심리학, 경제학, 철학, 기계, IT 등 다양한 분야의 전문가들이 한데 모인 다학제적 조직의 성격을 띠게 되었다. 다양한 분야의 전문가 40여 명으로 구성된 이 조직에서는 그동안 '거대 도시화에 따른 자동차의 역할 변화', '미래 럭셔리 차량의 콘셉트' 등의 연구를 진행해왔다.

이 조직은 로켓 엔진이나 날개 달린 차가 아닌 '미래의 도심 이동성(Future Urban Mobility)'과 같은 주제의 플립 차트를 들고 회의를 진행하며 다양한 가능성을 모색한다. 전문 분야가 다른 각 연구원들은 저마다의 관점으로 전망을 내놓는다. 물론 이들의 예측이 언제나 맞아떨어지는 것은 아니다. 프랑크 루프(Frank Ruff) 수석연구원은 "우리가 예측한 것은 기대한 만큼 자주 실현되지는 않는다"고 말한다. 토머스 바슈케(Thomas Waschke) 선임연구원도 "불행하게도 바람직한 시나리오가 언제나 가능성이 높은 것은 아니다. 이 때문에 원하는 세상만을 그릴 수 없다"고 고백한다.

예상 밖의 미래

시나리오에서 미래는 복수다. '가능성 높은(probable) 것', '바람직한 (desirable) 것', 또 얼마나 더하고 덜할지에 따라 여러 대안이 있고 다양한 변수(futurible)가 있다. 특정한 미래가 아니라 언제나 변화 가능한 미래다.

STRG의 미래학자들은 '예상 밖의 미래'의 중요성을 강조한다. "미래는 수동적인 것이 아닌, 창조하는 능동의 시간"이라며 "우리가 미래를 정확히 알 수는 없지만 준비할 수 있고, 이를 위해 우리 자신을 이해하고 스스로의 미래를 그려봐야 한다"고 말한다.

다양한 변수를 고려하여 미래를 예측할 수 있는 역량이 다임러의 STRG 조직이 가진 힘이다. 해당 조직의 구성원들 모두가 같은 방향이 아닌 불투명한 미래의 '예상 밖의 미래'를 바라보며 창조하는 능력을 발휘하고 있는 것이다.

현재 다임러는 사람들의 다양한 라이프스타일과 모빌리티와의 관계에 대해 끊임없이 연구하며 최적의 솔루션을 제공하기 위해 노력하고 있다. 한편 로봇과 AI(Artificial Intelligence, 인공지능)를 접목하여 개발한 무인자동차를 시범 가동하는 등 오랜 기간 동안의 미래예측을 기반으로 다양한 성과를 내고 있다.

다임러의 현재는 어쩌면 STRG 조직의 미래학자들이 10년, 20년 전에 그려놓은 미래일 수도 있다.

버리고 취하다

/

지멘스

"버릴 것은 버리고, 취할 것만 취한다."

지멘스(Siemens)는 100년간 주력으로 삼았던 가전사업에서 철수하고, 2014년 미국의 원유개발업체인 드레서랜드(Dresser-Rand)를 인수하며 에너지 분야에 집중할 것을 선언해 세계의 주목을 받았다. 과연 지멘스 는 어떻게 미래의 유망 산업을 예견한 것일까?

지멘스의 미래예측은 체계적이다. 지멘스는 2001년부터 〈미래의 모습 (Pictures of the Future)〉이라는 보고서를 동일한 이름의 팀에서 매년 2 회씩 발간하고 있다. 최신 트렌드에 관한 연구와 신기술 및 R&D 현황, 전 세계 전문가들의 인터뷰 등이 담겨 있는 이 보고서는 홈페이지에 게 재되어 누구라도 무료로 다운받아 볼 수 있도록 공개된다. 지멘스가 이 렇게 전망보고서에 공을 들이는 이유는 '예측'의 중요성을 일찍이 깨달

앉기 때문이다.

1847년 설립된 지멘스는 전신기를 시작으로 조명, 철도, 가전제품 등 신제품을 쏟아내며 업계의 선두주자로 활약했다. 가전제품의 매출 상승으로 호황을 누린 지멘스는 헬스케어 부문에도 진출하여 1983년에는 독일 기업 최초로 의학용 컴퓨터단층촬영(CT)과 자기공명영상(MRI) 장비 등을 발명했다. 이렇게 몸집을 불려나가던 지멘스는 1990년대에 들어서는 거대해진 몸을 가누지 못할 정도가 되었다. 결국 수익성이 지속적으로 악화되어 영업이익률이 -5.5%로 떨어졌고, '덩치 크고 느린 기업'이라는 오명을 얻게 되었다.

'덩치 크고 느린 기업'의 오명을 벗고

"앞으로 10~15년 후 우리의 사회, 경제, 정치는 어떻게 발전할까?"

이 질문은 지멘스가 시나리오 경영을 시행하게 된 계기가 되었다. 지멘스는 트렌드의 변화가 산업에 미치는 영향을 분석하고 새로운 사업 기회 및 신기술을 발굴하는 팀을 별도로 구성했는데, 그것이 바로 〈미래의 모습(Pictures of the Future, 이하 PoF)〉이었다.

PoF팀은 전문가 인터뷰를 바탕으로 다양한 사회 현안에 대한 공공 토론을 벌이며 각 시나리오에 대한 솔루션을 개발하는 작업을 시작했다. 활발한 소통으로 2004년에 작성된 시나리오인 '호라이즌 2020(Horizon 2020)'은 '커뮤니케이션 시나리오(Communication Scenario)'로 불리기도 한다.

PoF팀은 리서치 전문업체인 TNS, 그리고 자문위원단과 함께 설문지를 개발하고, CEO·정치인·공무원 등 각계 전문가 116명을 대상으로 정치·사회·경제·환경·기술 등 5개의 영역별 미래상을 설문했다. 설문지는 예측되는 미래상을 감속화된 사회와 성과 지향적 사회로 분류하여 116개의 질문과 삶에 영향을 미치는 모든 변수의 중요도에 대해 답변하도록 설계되었다. 이러한 소통의 결과로 세계화, 수명 연장, 아동수 감소, 기업 및 사회활동 내 여성의 역할 증대 등 10개의 메가트렌드(Megatrend)를 선정했다.

지멘스는 이러한 메가트렌드에 주목하여 미래의 유망사업으로 헬스케어와 에너지를 지목하고 기존 사업을 정리했다. 세계 6위였던 핸드

지멘스의 연간 매출액과 영업이익(1980~2014)

출처: 블룸버그

폰사업을 2005년에 접기 시작했고, 2007년에는 자동차부품사업을 매각했으며, 2011년에는 원자력발전에서도 철수했다. 그 결과, 2011년에 986억 달러의 매출을 기록하며 시스템·인프라 분야에서 당시 1위였던 GE(General Electric)로부터 선두주자의 지위를 낚아챘다.

2014년에는 '비전 2020(Vision 2020)'을 발표하며 조직 개편을 단행했다. 인더스트리, 인프라 & 도시, 에너지, 헬스케어로 조직을 단순화하고, 사업 부문(Sector)의 폐지와 절반에 이르는 부서(Division)의 통합으로 2011년 이후 감소한 실적을 회복하고 있다.

'빅데이터의 거인'으로

최근에 조 케저(Joe Kaeser) 회장은 지멘스가 향후 '빅데이터의 거인 (Big Data Giant)'으로 거듭날 것을 강조하고 있다. 엄청난 양의 데이터에서 어떻게 실질적 가치를 도출할 것인지에 따라 기업의 성패가 달라진다고 판단했기 때문이다. 이에 디지털팩토리 사업부를 설치하여 공장의 생산라인부터 발전소, 컴퓨터단층촬영(CT), 빌딩 관리에 이르기까지 모든 분야를 디지털화하고 있다.

이렇게 미래에 대비하는 지멘스는 분석과 예측을 통한 뛰어난 '인지력'을 바탕으로 1990년대에 저조했던 성적을 원상회복했던 것처럼 미래의 어려움도 극복할 것으로 전망된다.

언제나 **미래**를 위해

/

IBM

"우리는 언제나 미래를 위해 일해왔습니다."

2011년에 출시된 IBM의 100주년 기념 영화 〈100×100〉에 나오는 대사다. 설립 100주년을 맞은 IBM은 3부작의 영화를 제작하여 인지컴퓨팅, 빅데이터 등 최신 연구와 혁신의 성과로 미래를 만들어가는 모습을 자랑했다.

1960년대 초 칼, 시계, 타이프라이터 등을 만드는 회사로 시작한 IBM은 1964년 4월, 호환성뿐만 아니라 멀티태스킹 기능도 갖춘 최초의 컴퓨터인 시스템/360을 출시하며 메인프레임의 시대를 열었다. 반응은 가히 폭발적이어서 생산량이 수주 물량을 따라가지 못할 정도였다. 1965년부터 20년간 중대형 컴퓨터 시장을 장악하며 그 기간 동안 연평균 14%의 성장률을 기록했다. 1965년에 〈포춘〉에서 선정한 10대 기업에 처음으로 진입한 이후 무려 40년 동안 10위권 내의 순위를 유지했다.

그러나 IT업계에 새로운 거인들이 출현했다. 첫 타자는 마이크로소프트(Microsoft)였다. 빌 게이츠는 하드웨어 판매보다는 소프트웨어를 개발해서 이를 유료화하여 돈을 벌 궁리를 했다. 그는 불법복제 프로그램 사용자에게 공개 편지를 쓸 정도로 무단복제에 완강한 태도를 보여 당시 대중에게 소프트웨어는 무료가 아니라는 확고한 인식을 심었고, 이후 막대한 수익을 올렸다. 또한 애플은 개인용컴퓨터인 애플시리즈를 선보이며 새로운 시장을 열었다. 이후 중대형 컴퓨터 시장의 절대강자였던 IBM은 1980년대 후반부터 10년간 고전하게 되었다.

이에 IBM은 수요 중심의 '온 디맨드(On Demand)' 혁신을 통해 승부수를 띄웠다. 제조뿐만 아니라 서비스 부문에까지 진출한 것이다. 네트워크 관련 서비스를 제공하기 위해 1996년에는 각 서비스 부문을 통합하여 IBM글로벌서비스(IBM Global Services)를 만들었는데, 해당 부문의 매출이 1992년의 74억 달러에서 2001년 300억 달러로 9년간 약 300% 증가했다. 이렇게 IBM의 주력 상품이 과거의 하드웨어에서 1990년대 이후로는 소프트웨어와 IT컨설팅 서비스 등으로 이동했다.

이 과정에서 IBM은 오픈 소프트웨어 체제로 혁신을 일으킨 리눅스(Linux)를 강력히 지원하기 시작했다. 모든 소프트웨어 사용에 배타적 사용권을 설정했던 과거와 달리 소프트웨어의 설계지도인 소스코드를 무료로 공개, 배포하고 운영체제를 대중에게 공개하여 사용자마다 차별화된 기능을 추가하고 다양한 플랫폼에 설치할 수도 있게 했다. 2001년부터는 리눅스 사업부서를 조직하고 '리눅스를 유용하게(Help the

Linux Better)'라는 기치를 내세우며 유료 소프트웨어 공급자인 마이크로소프트와 차별적인 전략을 펼쳐왔다.

현재 IBM은 컨설팅, 소프트웨어 및 서비스 비즈니스의 매출이 전체 매출의 60% 이상을 차지하는 통합 솔루션회사로 변모했다.

채널은 하나가 아니다

제조업에서 서비스업으로 비즈니스모델을 전환한 IBM의 변신은 조직 내외의 소통과 보고서 발간을 통해 끊임없이 미래를 예측한 결과였다.

IBM은 다양한 채널을 이용하여 미래를 주제로 한 커뮤니케이션을 강화하고 있다. 내부에 전문가 집단인 AoT(Academy of Technology)를 조직했을 뿐 아니라 MDI(Market Development & Insight)와

IBM의 다양한 채널 활용

전망 보고서	Global Technology Outlook(GTO)	Global Innovation Outlook(GIO)
내부 전문가	Academy of Technology(AoT)	Community: Horizon-watch
내외부 컨설팅	Market Development & Insights(MDI)	Institute for Business Value(IBV)
직원/고객	Innovation Jam	First of a Kind (FOAK)

출처: LG Business Insight(2015. 1. 7)

IBV(Institute for Business Value) 등의 컨설팅 조직도 활용하고 있다. 더불어 온라인 브레인스토밍(Online Brainstorming)으로 일반 직원들과 고객들의 의견을 모으는 이노베이션 잼(Innovation Jam) 등 다양한 채널을 통해 미래에 대한 아이디어를 수집한다. 혁신에 관한 소통의 장을 마련하여 협업 기반의 새로운 비즈니스모델을 발굴하는 노력을 끊임없이 하고 있는 것이다.

IBM에는 2개의 전망보고서가 있다. 글로벌 혁신을 전망하는 GIO(Global Innovation Outlook)와 미래기술을 예측하는 GTO(Global Technology Outlook)가 바로 그것이다. 두 보고서의 강점은 기초과학 분야에 R&D 역량을 분산 투입하던 방식에서 벗어나 선정된 전략기술 분야에 투자를 집중하도록 하는 것이다. 해당 보고서를 바탕으로 IBM은 R&D 기획 단계에서부터 사업 분야별 미래예측과 그와 관련된 기술을 강화하고, 전략 분야를 선정한 후 집중 투자한다.

과거의 별인가, 새로운 비약인가

자랑스럽게 영화를 제작했던 창립 100주년인 2011년은 사실 IBM에 또 다른 위기가 찾아온 시기였다. 새로운 성장 동력의 부재로 2분기의 매출이 전년 대비 2% 감소한 244억 달러에 그친 데다 9분기 연속해서 하향세를 보였기 때문이다. 이에 IBM은 기술을 활용하여 살기 좋은 세상을 만들자는 '스마터 플래닛(Smarter Planet)'을 슬로건으로 제시하고 사물인터넷(IoT) 기반의 비즈니스 확대에 주력하여 완만한 영업이익률

상승세를 이어가고 있다.

스마터 플래닛은 지구상의 모든 시스템과 프로세스에 지능을 부여할 수 있다는 IBM의 믿음에서 시작되었다. 자원, 식품, 의료, 통신, 공공안전, 교육, 교통, 유통, 금융, 도시, 정부 등 사회의 전 분야가 그 대상이 된다. 실제로 IBM은 해당 시스템을 세계 439개 도시의 교통 관리에 적용한 결과, 연평균 70만 시간 이상의 교통 정체를 줄이는 효과를 실현하여 IBM의 슬로건에 대한 공감대를 확산시키고 있다.

앞으로 IBM이 과거의 별로 남을지, 현재의 난관을 극복하고 또 다른 비약으로 부활을 알릴지 귀추가 주목된다.

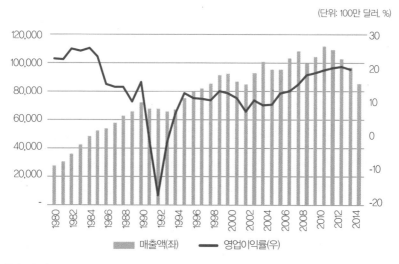

IBM의 연간 매출액과 영업이익률(1980~2015)

(단위: 100만 달러, %)

매출액(좌)　　영업이익률(우)

출처: 블룸버그

우리는 **인공지능**을 꿈꾼다

/

구글

최근 미국 실리콘밸리에 위치한 거대 IT기업들의 가장 큰 관심사는 바로 '인공지능(AI)'이라고 말할 수 있을 정도로 여러 기업들이 향후 인공지능 개발에 막대한 투자를 진행하겠다고 발표했다.

전기자동차를 생산하는 테슬라는 약 1조 원을 투자해 '오픈AI(Open AI)'라는 비영리 인공지능연구소를 지원할 예정이며, 차량 공유 서비스를 제공하는 우버는 인공지능 기능을 탑재한 자율주행자동차를 개발하겠다고 밝혔다. 페이스북은 자체 인공지능 기술인 '빅서(Big Sur)'를 외부에 공개하며 향후 인공지능 개발에 적극 나설 것이라고 발표했다. 국내에서는 삼성전자가 미국의 인공지능 개발업체인 비카리우스(Vicarious)에 약 200억 원을 투자했으며, 네이버 또한 2013년 네이버랩스를 통해 인공지능 관련 연구를 진행 중이다.

이처럼 인공지능은 글로벌 IT기업들에 미래 혁신의 핵심 기술이자 먹거리라고 할 수 있을 정도로 중요한 키워드가 되었다. 이러한 인공지능 열풍 속에서 세계 최대 인터넷기업인 구글은 인공지능이 미래 구글의 핵심 역량이 될 것이라 선언하고 인공지능 기업으로의 탈바꿈을 시도 중에 있다.

하지만 구글은 광고회사

오늘날 대부분의 사람들이 구글을 설명할 때 혁신과 도전의 아이콘이라고들 한다. 수많은 스타트업들도 제2의 구글을 꿈꾸며 자신들의 미래를 준비 중이다.

혁신의 아이콘이 된 구글은 엄밀히 말하자면 '인터넷광고기업'이라고 할 수 있다. 2014년 구글의 전체 매출에서 인터넷 광고가 차지하는 비중

2014년 구글의 매출 비중

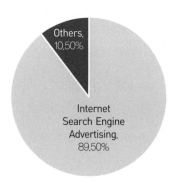

Others, 10.50%

Internet Search Engine Advertising, 89.50%

출처: 블룸버그

은 90%에 육박했다. 인터넷 광고 서비스가 없다면 망한다고 해도 과언이 아닐 정도로 구글 사업부에서 인터넷 광고가 차지하는 비중은 막대하다. 그런데도 사람들은 구글을 얘기할 때 가장 혁신적인 기업이라고 말한다.

과연 구글을 단순한 '광고기업'이라고 할 수 있을까? 우리는 왜 구글을 혁신의 아이콘이자 미래를 가장 잘 준비하는 기업이라고 생각하는 것일까?

최근 구글은 많은 구설에 시달리고 있다. 미래 사업인 구글글라스(Google Glass)와 구글워치(Google Watch) 등이 실패를 거듭하며 전문인력들이 구글을 떠나고 있는 탓이다. 검색과 동영상서비스 시장에서도 아마존과 페이스북의 추격이 구글을 위협하고 있다. 이러한 상황에서도 구글의 매출은 매년 사상 최대치를 경신하고 있지만, 높은 광고 매출 비중과 연이은 사업 실패 등으로 구글의 미래를 어둡게 점치는 이들이 나타나고 있다.

구글의 주주들 또한 높은 R&D 투자 비중에 불만을 토로하며 구글의 미래 사업에 의구심을 표명한다. 이에 대해 구글의 수장인 래리 페이지(Larry Page)는 "구글의 미래 사업은 절대 멈추지 않으며, 구글의 최종 목표는 인공지능기업으로 탈바꿈하는 것이다"라고 역설하며 구글의 미래와 목표를 확실하게 알렸다. "구글은 곧 인공지능이다", "구글의 미래는 인공지능에 있다" 등의 발언을 통해 인공지능이 곧 구글의 핵심 산업이 될 것이라고 강조하고 있다.

인공지능기업을 위한 노력

구글은 이미 2013년부터 구글의 미래를 위해 인공지능과 머신러닝 (machine learning. 인공지능의 한 분야로, 방대한 데이터를 분석하여 미래를 예측하는 기술) 관련 검색그룹 등 유관 조직들을 만들었다. 또 인공지능 분야의 선구자인 미래학자 레이 커즈와일(Ray Kurzweil)을 고용했으며, 관련 사업에 대한 M&A도 활발히 진행하고 있다. 구글은 인공지능센서제작기업인 네스트랩(Nest Lab)을 시작으로 인공지능을 연구하는 딥마인드(Deep Mind), 로봇개발기업인 보스턴 다이나믹스(Boston Dynamics) 외에도 8개의 로봇 관련 기업들을 인수하며 미래 인공지능 세상을 준비하고 있다. 인수 후 구글은 안드로이드 개발의 수장인 앤디 루빈(Andy Rubin)을 로봇 프로젝트 관련 부서의 수장으로, 보스턴 다이나믹스의 수장인 마크 레이버트(Marc Raibert)를 핵심 부서 담당자로 발탁하며 본격적인 인공지능 연구에 박차를 가했다.

구글의 인공지능 관련 주요 M&A

인수기업	주요 내용
네스트랩 (Nest Lab)	• 자동 온도조절 장치를 개발하는 기업 • 안드로이드 모바일 운영체제를 가정용 인공지능 에너지 및 보안 시스템에 적용할 것으로 예상
딥마인드 (Deep Mind)	• 신경과학자 출신 프로그래머 데미스 하사비스와 셰인레그가 공동 설립 • 구글의 음성검색 서비스와 인공지능 기술 융합을 위해 인수
보스턴 다이나믹스 (Boston Dynamics)	• 로봇 공학의 선구자인 마크 레버트가 설립 • 구글에 인수되기 전 가장 혁신적인 로봇 기술을 보유한 기업으로 평가 받음

출처: 각종 언론자료 종합, 삼정KPMG 경제연구원 재구성

또한 구글은 최근의 내부 갈등과 주주들의 불만 등에 대한 해결책으로 알파벳(Alphabet)이라는 모회사를 설립하며 체제 전환을 시도했다. 또한 본격적인 인공지능 연구를 위해 기존에 흩어져 있던 인공지능과 머신러닝 팀들을 통합하여 CEO 직속 부서인 '리서치 앤 머신 인텔리전스(Research & Machine Intelligence)'를 만들었다.

전문가들은 구글의 이런 움직임을 단순히 생각하면 안 된다고 말한다. 구글이 생각하는 미래의 구글은 단순히 머신러닝을 통한 검색 결과 제공이나 무인자동차, 스마트홈서비스 등에서 그치지 않을 것이라는 말이다.

구글이 준비하는 인공지능은 미래 사회의 핵심 기술이 될 것이다. 그리고 그 중심에 구글이 위치하는 것이 구글이 그리고 있는 미래 사회의 모습이다.

시대를 **이끌어가는** 조직

/

소프트뱅크

1981년 9월, 일본 후쿠오카현 오도리시, 허름한 사무실 안의 귤 상자 위에 서서 "30년 뒤에는 조 단위의 매출을 이룰 것"이라고 호언장담한 젊은이가 있었다. 실제로 30여 년이 지난 2014년, 미국 경제전문지 〈포브스(Forbes)〉가 선정한 세계 억만장자 순위에서 42위에 오른 그는 바로 일본의 최대 갑부인 소프트뱅크(SoftBank)의 손정의 회장이다.

판자촌 출신의 재일교포 3세인 손 회장은 24세에 무일푼으로 소프트웨어 유통회사인 소프트뱅크를 창업했다. 그의 지치지 않는 열정 덕분에 소프트뱅크는 4년 만에 시장점유율 60%를 달성했고, 매출은 35억 엔을 넘겨 업계에서 그를 '괴물 사업가'라고 불렀다. 승승장구하던 그는 1982년 중증 간염으로 시한부 인생 선고를 받기도 했지만, 극적으로 건강을 되찾아 1986년에는 회사로 복귀할 수 있었다.

회사 복귀 이후 손 회장은 마이크로소프트 소프트웨어(Microsoft Software) 독점권을 따냈고, 그해에 1,000억 엔의 매출을 올렸다. 또한 1994년에는 기업공개(IPO)를 통해 단번에 2,000억 엔이라는 자금을 확보해 세간의 주목을 받았다. 현재보다는 미래의 잠재력을 중시하는 손 회장은 곧 미국으로 건너가 가능성 있는 기업들을 선정하여 반년 만에 약 31억 달러 규모의 인수·합병 계약을 체결했다. 그때 발견한 금광이 바로 야후(Yahoo)였다.

야후가 인터넷 세계의 선두주자가 될 것이라 확신한 손 회장은 1995년에 야후 지분의 34%를 획득했다. 이듬해 5월에는 야후 본사가 나스닥(NASDAQ)에 상장되었고, 그다음 해인 1997년에는 야후재팬(Yahoo Japan)이 자스닥(JASDAQ)에 상장되면서 1999년 말에는 소프트뱅크가 소유한 야후 주식의 시가총액이 1조 4,586억 원에 달하게 되었다. 초기 투자액의 360배에 달하는 수치였다. 이로써 소프트뱅크는 700여 개의 자회사로 구성된 거대 그룹이 되었고, 손 회장은 빌 게이츠와 어깨를 나란히 하는 IT업계의 최고 부자로 거듭나게 되었다.

그러던 2000년 3월, 이른바 '닷컴버블(Dot-Com Bubble)'의 붕괴가 시작되면서 소프트뱅크의 주가도 100분의 1로 폭락했다. 손 회장은 야후 주식의 대부분을 매각하고, 그 자금으로 초고속인터넷 사업에 승부수를 띄웠다. 당시 인터넷 부문은 이미 일본의 최대 IT기업인 NTT가 주도하고 있었기 때문에 주주들의 반대가 거셌고, 업계 일각에서는 손 회장의 판단을 비웃기도 했다.

그러나 손 회장의 결심은 확고했다. 미래예측을 바탕으로 한 확신이

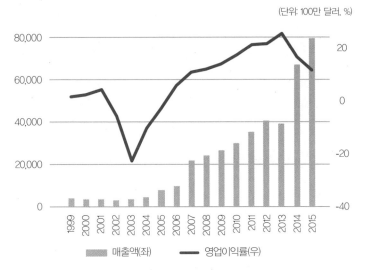

소프트뱅크의 연간 매출액과 영업이익률(1999~2015)

(단위: 100만 달러, %)

출처: 블룸버그

있었기 때문이다. 손 회장은 일본 경제가 쇠퇴하는 까닭은 시대가 2차 산업혁명의 말기에 도달했기 때문이라고 지적하며, 향후의 살길은 정보 기술산업이라고 믿고 묵묵히 인터넷사업을 추진했다. 결국 소프트뱅크 의 초고속인터넷은 2005년에 드디어 첫 흑자를 달성했고, 그다음 해에 는 시가총액이 주가가 최저점을 찍었던 6년 전보다 10배 넘게 상승하여 20조 원을 돌파했다. 이렇게 손 회장은 화려하게 재기하여 일본의 최고 부자 자리에 올랐다.

잉어잡이 협상법

손 회장의 협상법은 잉어를 맨손으로 잡는 어부로 유명한 '잉어잡이 마상'과 닮았다. 마상은 치쿠고강(筑後川)의 어부 우에무라 마사오(上村政雄)로, 강물 속에서 겨울잠을 자는 잉어에게 손을 내밀면 인간의 체온을 느껴 조금이라도 따뜻한 곳으로 이동하려는 본능에 따라 잉어가 그의 손안으로 저절로 들어온다고 말하여 유명해졌다. 마상처럼 손 회장은 상대방이 경계를 풀고 자연스럽게 다가오는 환경을 만들어 협상을 이끌어간다.

손 회장은 스티브 잡스 애플 창업자를 만나고 나서 2006년부터 소프트뱅크 판매점에서 휴대전화를 구입한 고객에게 아이팟(iPod)을 증정하는 행사를 열었다. 또 회사명을 보다폰에서 소프트뱅크로 변경하면서 각 판매 점포를 기존의 빨간색에서 흰색으로 애플스토어와 비슷한 구조와 인테리어로 통일시켰다. 손 회장은 애플과의 협업 체제가 준비되었다는 것을 행동으로 보여주며 '잉어잡이'처럼 기다렸다. 결국 2008년에 소프트뱅크는 아이폰(iPhone)의 일본 내 독점판매에 성공하며 2015년 매출액이 2008년 대비 225% 증가하는 비약적인 성장을 거두었다.

3년 후가 막막하다면, 30년 후를 보라

손 회장은 "성공의 밑바탕은 정확한 예측과 확고한 비전이다."라고 말한다. 무일푼으로 시작한 그에게 미래예측은 생존을 위한 절대 요건이었다. 그는 항상 예측하고, 도전했다. 2009년 6월에는 경영전략그룹의 임직원을 불러 소프트뱅크의 미래 비전을 발표할 것을 주문하고 이를 전담할 '소프트뱅크 신 30년 비전 제작위원회'를 꾸렸다. 여기에 전 직원이 참여하는 '넥스트 30(Next 30)'이라는 사원대회를 이틀에 걸쳐 진행했다. 또한 트위터로 일반 국민들의 의견도 반영하여 총 425일에 걸친 노력 끝에 '소프트뱅크 신 30년 비전'을 발표했다. 비전 제작위원회를 통해 30년 후의 비전을 제시하는 과정에서 전 사원이 비전을 공유하면서 업무 생산성과 효율성이 향상되었고, 2009년에 13%였던 영업이익률이 4년에 걸쳐 25%까지 꾸준히 상승하는 결과를 낳았다.

비전 제작위원회가 꾸려지기 전인 2009년까지 소프트뱅크에는 미래예측을 위한 조직이 따로 없었다. 그러나 그때에도 소프트뱅크만의 특이한 조직 구성을 통해 불확실한 비즈니스 환경에 대응해왔다. 소프트뱅크식 팀제는 회사 전체의 조직을 9명 이하의 팀으로 나눈 뒤 팀장에게 폭넓은 권한을 위임하는 것이다. 이는 조직의 장(長)이나 본사가 대부분의 권한을 갖는 일반적인 경우와 달리, 조직 규모를 축소하여 변화하는 환경에 민첩하게 대응하고 실무자의 결정권을 확대해 그들의 능력 발휘를 촉구하는 데 용이한 장점이 있다.

2010년 4월, 그는 다음과 같이 말했다.

"시대를 뒤쫓아서는 안 된다. 읽고, 준비하고, 기다려라."

손 회장은 최근에는 모바일 인터넷의 잠재력을 설파하며 컴퓨터가 아닌 아이폰과 아이패드만으로 업무를 보면서 미래의 업무 환경에 대비하고 있다고 한다.

소프트뱅크는 전 세계 인터넷기업들에 투자하고, 각 영역에서 새로운 도전을 추구하는 혁신적인 사업가들을 지원하며 동반 성장할 계획이다. 이에 온라인 구매가 가능한 판매 상품의 수를 확대하고, 직접배송서비스를 최초로 시도했다. 2015년에는 이커머스(e-Commerce) 시장을 선도하는 쿠팡(Coupang)에 1조 1,000억 원을 투자하기도 했다.

구체적인 데이터를 통해 30년 후 소프트뱅크의 시가총액을 현재의 70~80배인 200조 엔으로 제시한 소프트뱅크는 끊임없이 미래를 예견하며 시대를 이끌어나가고 있다.

100년 앞을 내다보다

/

알리바바

첫째, 우리는 102년간 생존할 회사를 세울 것이다.

둘째, 우리는 중국의 중소기업들을 위한 전자상거래 회사를 세울 것이다.

셋째, 우리는 세계 최대 전자상거래 회사를 세우고 전 세계 웹사이트 순위 10위 안에 진입할 것이다.

이는 1999년 3월 알리바바닷컴(Alibaba.com) 창립일에 마윈(馬雲) 회장이 연설 중에 발표한 3가지 목표다. 여기에서 알 수 있듯이 알리바바 그룹은 장수를 꿈꾼다. 중국에서 한 세기(100년)는 '평생'을 의미한다. 마윈은 1999년 알리바바를 설립하면서 평생 동안 살아남는 장수 기업을 세우고자 했다.

현재 알리바바는 B2B(Business to Business, 기업과 기업 간 거래), B2C(Business to Customer, 기업과 고객 간 거래), C2C(Customer to Customer, 고객과 고객 간 3자 거래)를 포함한 중국 전체 전자상거래 시장의 80% 이상을 점유한 거대 기업이다. 또한 중국 전자상거래 사이트 1위, 전 세계 전자상거래 사이트 톱(Top) 3, 거래량 기준 전 세계 전자상거래업계 1위로 올라섰다.

작지만 당찬 직감의 승부사, 마윈

"저는 미래를 예측하는 가장 좋은 방법은 미래를 창조하는 것이라고 생각합니다. 말한 것을 실행에 옮기고 약속을 지키면 됩니다."

이와 같은 마윈 회장의 확고한 리더십과 가치관이 장수 기업을 꿈꾸는 알리바바그룹의 미래에 대한 기대를 갖게 만든다.

마윈 회장 특유의 직감과 확신은 알리바바그룹을 창업하게 된 계기에서도 여실히 드러난다. 알리바바그룹을 창업하기 전 영어교사로 활동했던 마윈은 7년에 걸친 교사생활을 정리하고 30세의 나이로 항저우에 통역회사를 설립하면서 첫 창업에 나섰다. 미국 유학을 거치지 않은 토종 영어 실력자였던 마윈은 이미 항저우에서 영어를 가장 잘하는 사람이라는 평가를 받고 있었다.

그러던 중 마윈은 저장성 교통청의 위탁을 받고 미국의 한 기업에 채무를 독촉하는 일을 맡아 마이크로소프트(MS) 본사가 있는 미국 시애틀로 출장을 가게 된다. 그곳에서 마윈은 인터넷과 운명적인 만남을 갖고 자신이 설립한 통역회사의 광고를 곧바로 인터넷사이트에 올렸다. 그 시각이 오전 10시였는데, 점심식사를 하기도 전에 미국, 독일, 일본 등지에서 6통의 이메일을 받았다. 이때 마윈 회장은 '중국 기업 자료를 수집해 인터넷으로 판매하면 장사가 되겠구나'라는 영감을 받았다고 한다.

마윈은 바로 시애틀에 있는 친구와 함께 B2B 방식의 전자상거래 사이트를 만들기로 의견을 모으고 '차이나 페이지'라는 이름을 붙였다. 이후 중국으로 돌아온 마윈 회장은 그 즉시 무역 업종에 종사하는 친구 24명에게 새로운 사업모델에 대한 조언을 구했다. 그중 23명이 반대했고 1명이 찬성했지만, 마윈은 사업을 추진하기로 결단을 내렸다.

"90%가 찬성하는 아이디어는 버려라!"

마윈 회장은 아이디어를 냈을 때 주변에 반대하는 사람이 많으면 흐뭇하게 생각하고, 90% 이상이 찬성하는 경우에는 오히려 그 아이디어를 버린다. 누구나 동의하는 아이디어는 이미 수많은 사람들이 시도했을 것이고, 쓸모가 없다고 보기 때문이다.

마윈이 알리바바그룹을 창립하기 전에 '차이나 페이지'를 설립하겠다고 했을 때도 이러한 신념이 작용했다고 볼 수 있다. 24명의 친구들 가운데 중 단 1명만 찬성했음에도 불구하고 마윈 회장은 '가능성'을 확신하고 사업을 결행했다. 당시 그는 "내가 인터넷에 대해 큰 자신감이 있었던 것은 아니었다. 일단 한 번 해보고 안 되면 돌아오면 그만 아닌가"라고 말하며 특유의 자신감과 도전정신을 드러냈다.

2000년 당시만 해도 중국의 인터넷 이용자 수는 1,000만 명으로 전체 인구에 비하면 아주 적은 편이었다. 그러던 것이 불과 14년 후인 2014년에는 인터넷 인구가 6억 7,000만 명으로 급격히 확대되었고, 전체 인구의 절반(48.8%)에 이르게 되었다. 온라인·모바일 소비자의 증가도 이와 비슷한 양상을 보였다. 2006년 3,357만 명에 불과하던 D-commerce(Digital Commerce. PC 기반의 전자상거래 'E-Commerce'와 스마트폰 기반의 모바일 전자상거래 'M-Commerce'를 통칭하는 용어) 소비자가 2014년에는 3억 6,000만 명으로 10배 가까이 증가했다. 현재 중국 인구가 14억 명인데 전자상거래 인구가 4억 명에 불과하다는 점을 고려할 때, 알리바바가 중국 내수시장에서 성장할 가능성은 여전히 크다는 사실을 알 수 있다.

성장을 위한 가속페달을 멈추지 않는다

마윈은 지금도 알리바바가 두드리지 못한 잠재 시장을 개척하기 위해 끊임없이 페달을 밟고 있다. 이러한 페달 중 하나는 2014년부터 가속화하고 있는 농촌 전자상거래 분야에 대한 투자다. 앞으로 중국의 농촌 전자상거래 시장이 크게 확대될 것이라고 예측한 마윈은 2014년 9월 알리바바의 뉴욕증시 상장 이후 "알리바바는 상장 이후 해외 및 중국의 농촌 전자상거래 발전에 중점을 둘 것"이라고 밝히며 관련 시장 공략을 시사했다. 최근 알리바바는 100억 위안을 투자하여 중국 전국의 현(縣)에 전자상거래센터 1,000개를, 촌(村)에는 농촌 서비스센터 10만 개를 설립하겠다는 '천현만촌(千縣萬村)' 프로젝트를 실행하겠다고 선언했다. 알리바바의 뒤를 이어 미국을 대표하는 사모펀드 KKR를 비롯, 중국 대표 정보기술(IT)기업인 레노버도 관련 분야의 투자를 확대하고 나섰다. 중국 정부도 2015년 초, 중요 정책 내용을 담은 '1호 문건'을 통해 농업 현대화를 적극 추진하겠다고 밝혔다. 인지와 예측에 기반한 마윈의 과감한 도전은 이렇듯 다른 기업들과 중국 정부까지 관련 분야에 뛰어들게 할 만큼 큰 영향을 미치고 있다.

앞으로 중국 내 전자상거래 시장을 놓고 기업들 간 경쟁이 더욱 치열해질 것으로 예상된다. 하지만 현재에 만족할 줄 모르는 놀라운 도전력과 실천력, 직감에 대한 확신으로 무장한 마윈의 리더십이 알리바바그룹의 미래 등불을 밝혀나갈 것이다.

모빌리티 사회의 준비된 리더

/

BMW

전 세계 프리미엄 자동차 시장에서 독일을 대표하는 기업인 BMW가 예측하는 미래는 어떤 모습일까? 1리터의 휘발유만으로 하루 종일 운행이 가능한 자동차? 아니면 운전자 없이도 움직이며 탑승자가 원하는 곳으로 안전하게 데려다주는 무인자동차?

BMW가 그리는 미래 사회는 단순히 자동차에 그치지 않는다.

미래 사회엔 우리가 리더

1998년 2월 3일, 독일 베를린에서 BMW의 미래예측을 담당하는 조직인 모빌리티 리서치 센터(IFMO, The Institute for Mobility Research)가 공식 설립을 알리는 행사를 개최하며 자체 슬로건을 공개했다.

'미래의 모빌리티(Mobility of the Future)'

이날 공개된 슬로건과 함께 BMW는 미래 사회는 모빌리티로 인해 사회 전반에 걸쳐 많은 변화가 있어날 것이라는 점을 강조했다. 이날 행사에는 각 분야의 전문가들과 미래학자들이 참석하여 미래 사회를 놓고 열띤 토론을 벌였다. 그날의 토론 결과는 곧 BMW의 미래가 되었고, 토론에 참석한 전문가들과 미래학자들은 BMW 모빌리티 리서치 센터의 핵심 인재로 자리매김했다. 이후 모빌리티 리서치 센터는 BMW그룹 산하에 편입되어 BMW의 미래 자동차산업에 대한 연구를 진행하게 된다.

현재 BMW는 독일 국영철도회사인 도이치반(Deutsche Bahn), 독일 항공사인 루프트한자(Lufthansa)와 더불어 다양한 모빌리티 관련 프로젝트를 추진하고 있다.

Project i

BMW가 준비하는 미래 사회의 모습은 단순히 자동차에 국한되어 있지 않다. 도이치반과 루프트한자와의 프로젝트 추진에서도 알 수 있듯이 미래 사회의 중추가 되고자 하는 BMW의 연구 방향은 도시 전체를 바라보고 있다.

대표적인 사례가 'Project i' 이다. 'i'는 혁신(innovation)이라는 의미와 함께 BMW모델 중 전기차 라인을 가리키며, 이는 미래의 모빌리티 사회를 구상하는 BMW의 핵심 부문이기도 하다. BMW의 혁신은 단순한 혁신이 아니라 미래 사회를 위해 BMW가 인지해야 할 핵심 요소인 창의성(inventiveness)과 상상력(imagination), 향상성(improvement)을 뛰어넘는 혁신이다. 이렇듯 'BMW i' 모델이 갖는 의미는 크다. 단순한 전기차가 아닌 미래를 준비하는 바탕이 되는 수단이라고 할 수 있다. 모빌리티 리서치 센터를 대표하는 미래학자인 피터 펠프스(Peter Phelps)는 최근 언론과의 인터뷰에서 미래 모빌리티 도시에 대해 언급하면서 이를 가장 잘 예측하고 준비하는 자동차기업이 BMW라고 역설하며, BMW가 미래 사회를 위해 리더로서의 역할을 준비 중이라는 사실을 밝혔다.

BMW는 독일 3대 완성차업체 중 가장 먼저 전기차를 양산했고, 현재는 리더가 되기 위해 교통통제시스템과 기술들을 연구하고 있다. 또한 독일 정부와 함께 교통 정체와 사고를 줄이기 위한 프로젝트인 AKTIV(Adaptive and Cooperative Technologies for Intelligent Traffic)도 진행하고 있다. 이 프로젝트에는 미래 사회의 주요 구성원이 될 기업들(건설, IT, 통신 등)도 함께 참여하고 있다.

과연 BMW가 준비하는 미래 사회는 어떤 모습일까?

시장은 무궁무진하다

/

한샘

가구업계에서 후발주자로 출발했지만, 명실공히 국내 1위 가구업체로 부상한 기업이 있다. 바로 한샘이다.

한샘은 지난 40여 년간 한국의 주거 환경 변화를 주도해왔다. 1970년 부엌가구 전문업체로 출발한 한샘은 1997년 홈인테리어 부문으로 사업 영역을 확장하며 업계를 선도하는 기업으로 떠올랐다. 1986년 이후 줄곧 부엌가구 시장점유율 1위, 2001년 이후에는 인테리어가구 부문에서도 1위에 오르며 국내 가구 시장을 정복했고, 현재는 주택의 골조를 제외한 모든 실내외 자재까지 취급하며 토털 홈인테리어 업체로의 도약을 가속화하고 있다.

한샘이 출범할 당시만 해도 대기업 계열사를 비롯, 이미 이름을 날리던 선발주자들이 포진해 있었다. 이런 상황에서 부엌가구 하나로 사업을 시작한 한샘이 조 단위의 중견기업으로 성장할 수 있었던 데는 시장 변화를 적시에 예측(知)하여 리더의 불굴의 의지와 추진력(心)을 통해 민첩하게 사업을 변화·확장(矢)해나간 전략이 주효했다.

성장을 이끄는 확고한 의지(心)

한샘이 인테리어사업 분야를 일찍부터 준비한 것은 회사를 이끌고 있는 최양하 회장의 의지(心)에 기반한다. 그리고 여기에 최 회장의 인지(知)와 한샘의 분석력(刃)이 뒷받침되었다.

"가구는 절대 사양산업이 아닙니다. 소득이 2만 달러 이상 올라갈수록 사람들은 오히려 편안히 쉴 수 있는 공간을 찾게 마련입니다. 그런 점에서 홈인테리어 시장은 무궁무진하다고 볼 수 있죠."

최양하 회장은 점점 치열해지는 경쟁사회에서 재충전의 공간이 '홈'에 있다고 생각했다. 그는 국민소득이 3, 4만 달러대에 달하는 선진국들의 경우, 사람들이 집의 규모나 외관에 돈을 투자하기보다 집 안을 편안한 휴식 공간으로 만드는 데 더 큰 관심을 보인다는 사실에 주목했다. 이에 기존의 부엌가구 분야에서 구축해둔 자사의 강점을 홈인테리어 영역에 적용하여 1997년 인테리어 분야로 사업 영역을 확대했다. 물론 이를 실행하기에 앞서 주요 고객인 주부들의 신체 구조와 사고방식을 포함한 라이프스타일에 대해 지속적으로 연구했다. 이를 통해 홈인테리어의 트렌드 변화를 감지하며 관련 사업의 확장을 계획했다.

한샘은 1997년 인테리어사업에 이어서 어린이용 가구, 사무용 가구,

욕실 등으로 사업을 확대해왔다. 2015년에는 진공블렌더 '오젠(OZEN)'
을 출시했고, 최근에는 LG전자와 공동으로 식기세척기, 전기레인지, 원
액기 등 소형가전 개발에 나섰다. 또한 집 안에 미니카페를 만들어 지인
들과 음료나 디저트 등 음식 스타일링을 즐기는 이른바 '홈카페족'을 겨
냥하여 홈카페 관련 가구와 소품을 출시하고 있다.

한샘의 사업 확대는 기존의 인테리어사업에 소형가전 분야를 접목하
여 새로운 영역을 개척한 결과다. 이로써 1985년 매출액 159억 원에 불
과했던 한샘은 지속적인 변화를 시도하여 1985년부터 2014년까지 10년
간 연평균 15.7%의 성장률을 기록할 수 있었다. 2014년에는 매출 1조
2,655억 원으로 조 단위의 매출을 달성했다.

한샘 매출액 및 영업이익 추이

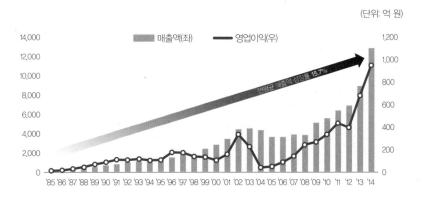

(단위: 억 원)

출처: 키스밸류(KISVALUE), 삼정KPMG 경제연구원

"이케아의 한국 진출에 대비하라"

20여 년 전, 한샘의 창립자 조창걸 명예회장은 뉴욕에 위치한 이케아 (Ikea) 매장을 둘러보며 "이케아의 한국 진출에 대비하라"는 지시를 내렸다. 이케아는 지금은 글로벌 가구 공룡으로 널리 알려진 가구회사이지만 당시만 해도 일반 소비자들에게 잘 알려지지 않은 상태였다. 하지만 한샘은 1990년대 말부터 이케아의 한국 진출을 예측하고 이에 대비했다.

한샘은 이케아의 공습에 대비하여 온라인과 대형 매장 중심으로 사업 환경 변화에 민첩하게 대응했다. 1990년대 말부터 가구뿐 아니라 패브릭, 조명, 생활용품 등 모든 인테리어 아이템을 원스톱(one-stop)으로 쇼핑할 수 있는 플래그숍(대형 쇼룸)을 잇따라 오픈했다. 격화되는 경쟁 환경에 맞서 방배점(1997년)을 시작으로 논현점(1999년), 분당점(2000년) 플래그숍을 오픈하고, 이어서 '체험형 쇼핑'을 강조한 잠실점(2009년), 부산센텀점(2011년)과 기존 콘셉트에 프리미엄을 더한 목동점(2014년)을 추가로 선보였다. 미래 전략의 하나로 선진국형 토털 인테리어 유통 전문매장을 구축한 것이다. 아울러 한샘은 '한샘몰'을 통해 온라인으로 유통채널을 다양화하며 가격 경쟁력을 키웠다.

한샘은 여기에 그치지 않고 디자인 역량을 강화하기 위해 사내에 최고디자인경영자(CDO, Chief Design Officer) 직제를 도입했다. 20여 년 전부터 이케아가 한국에 진출할 것을 염두에 두고 이케아를 학습하며 제품 개발부터 오퍼레이션, 마케팅 등을 강화하며 자체 경쟁력을 키워

왔으나 디자인이 부족하다는 판단하에 국내 한 대학의 디자인학부 교수를 CDO로 영입하여 사장으로 임명했다. 국내에서 대기업을 제외하고 매출 1조 원대 기업이 사장급 CDO직을 신설한 것은 한샘이 처음이다. 이전까지 한샘은 디자인의 정체성이나 철학이라고 할 만한 것이 없었다. 하지만 앞으로는 달라질 것이다. 한샘은 서구의 디자인이 바탕이 된 가구가 아니라, 동서양이 융합된 디자인으로 전 세계인에게 새로운 디자인의 표준을 제시한다는 목표를 가지고 있다. 이를 위해 연매출의 4~5%를 디자인에 투자하여 미래를 주도하는 한샘만의 디자인 정체성을 확립하기 위해 박차를 가하고 있다. 국내 1위에 안주하지 않고 글로벌 기업으로 도약하기 위한 발판을 마련하겠다는 구상이다.

비즈니스의 세계는 간발의 차이로 승패가 결정된다. 이때 남들이 가려는 길을 앞서서 내딛고 기선을 선점해야 성공에 가까이 다가갈 수 있다. 인구 변화와 소비 트렌드를 발 빠르게 읽어내는 혜안, 즉 인지력과 더불어 변화에 민첩하게 대응하여 사업을 추진하는 결단력을 보여준 한샘의 미래가 기대되는 이유다.

6

무조건 이겨내야 한다

극복력(克復力)

핵심 역량, 목표의식, 그리고 **상생의 회생**

/

어떻게 이겨냈을까

극복(克復)은 '악조건이나 고생 따위를 이겨냄', '이기어 도로 회복함 또는 본래의 형편으로 돌아감'의 의미를 갖고 있다. 우리가 일상적으로 사용하는 단어이지만, 이 속에 기업들의 성공 요소가 숨어 있다.

극복의 의미

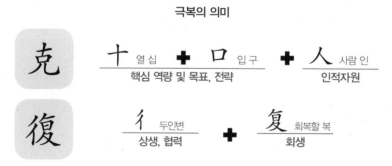

출처: 삼정KPMG 경제연구원

극복의 극(克)은 고(古)와 인(人)으로 구성되어 있고, 고(古)는 방패(十)를 가지고 자신이 이루어야 할 목표(口)를 굳게 지켜나간다는 의미를 갖고 있다. 다시 말해서 극(克)은 외부의 공격에도 자신의 목표를 단단히 지키며 전진한다는 뜻이다. 그리고 그 바탕에 사람(人)이 있다.

복(復)자는 두 사람, 즉 여러 사람이라는 의미의 두인변(彳)과 회생을 뜻하는 복(复)이 합쳐져 '원래의 상태로 돌아오다, 회복하다'는 뜻이 되었다. 어떤 위기에 봉착하더라도 본연의 자리로 되돌아갈 수 있는 회생능력은 혼자만의 힘이 아닌 여러 사람들과의 협력과 상생으로 가능하다는 의미로 해석할 수 있다.

강한 기업은 기다리지 않는다

어떤 기업에든 위기는 찾아온다. 이를 이겨내는 것은 기업의 숙명과도 같다. 하지만 성공하는 기업은 닥친 위기가 조용히 지나가길 기다리지 않는다. 극(克)이라는 글자처럼 방패, 즉 자신의 핵심 역량인 무기를 들고 위기에 맞서 싸움을 자청하며, 사람(人), 즉 인적자원을 바탕으로 이겨나간다. 또한 복(復)이라는 글자에서 알 수 있는 것처럼 혼자가 아닌 다수와의 상생을 통해 회생을 위한 노력을 멈추지 않는다.

상생과 협력으로 위기를 극복하다

/

토요타

전 세계 자동차 시장은 수요의 중심이 선진국에서 신흥국으로 이동하고, 각종 환경 규제와 다양한 IT기술이 접목되면서 빠르게 변화하고 있다. 이에 따라 주요 완성차업체들이 나름의 방법과 전략을 펼치는 가운데 그 어느 때보다 치열한 경쟁이 벌어지고 있다.

이러한 상황에서도 일본의 대표 기업인 토요타는 지속적인 개선 노력과 부품업체들과의 협력을 통해 위기를 극복하며 전 세계 자동차 판매 1위 기업이라는 자리를 지켜냈다.

토요타 로고의 의미

토요타의 로고는 3개의 원으로 이루어져 있다. 내·외부 고객들과의 관계를 형상화한 것으로, 더 나아가 토요타와 관련된 모든 이들과의 연계를 의미한다. 그만큼 토요타는 상생(相生)을 중시하는 기업이라 할 수 있으며, 스스로도 여러 사람들과의 협력(協力)을 통해 성장해왔음을 강조하고 있다. 급변하는 시장에서 토요타가 흔들림 없이 지속적으로 성장해온 바탕이다.

상생과 협력을 강조하는 기업문화는 노사관계에서도 빛을 발했다. 대표적인 사례로 2007년 미국 서브프라임 모기지 사태 이후 회사가 심각한 경영난을 겪게 되자 노사는 협의를 통해 임금을 동결하며 위기를 함께 극복하자는 분위기를 조성했다. 이후 3년간 동결된 임금은 2014년 사상 최고의 매출과 영업이익을 기록한 회사가 직원들에게 엄청난 금액의 성과급을 지급하고 임금을 인상해줌으로써 아름다운 결실을 보았다.

세계 1위 자동차기업의 경영 위기

일본에서는 토요타를 설명할 때 '지속적으로 변화하고 개선한다'는 의미의 '가이젠(改善)'이라는 단어를 자주 사용한다. 세계 1위 자동차기업이라는 타이틀을 얻기 위해 토요타가 얼마나 많은 변화와 개선을 해왔는지 알 수 있다.

1990년대 토요타는 생산성 향상을 위해 생산부서들 간 경쟁제도인 '보합회의(步合會議)'를 도입했다. 생산부서들의 생산성을 집계하고 이를 평가에 반영하여 포상금을 지급하는 제도였다. 매달 1회 임원과 공장장, 제조부장 등이 참석하여 제조 현장의 개선 상황과 중요 문제의 재발 방지 노력을 점검하고, 생산 능률 평가를 통해 부서별 순위를 매겨 매월

주요 이슈에 대한 토요타의 대처 방법

연도	주요 사건	대처 방법
2007	미국 서브프라임 모기지 사태	과잉 생산시설 재편
2010	1,000만대 리콜	고객 제일주의 재인식
2011	대지진	대재난 대비 백업체제 구축
2012	엔저	부품조달망 현지화 확대
2013	경쟁자 도전	신형엔진 개발을 위한 조직 구성

출처: 언론 보도를 토대로 삼정KPMG 경제연구원 재구성

급여에 '생산급'이라는 명목으로 포상금을 지급했다. 이 전략은 기대 이상의 성과로 이어졌다. 1990년대 후반부터 2007년까지 전 세계에 매년 공장을 신설하고, 연간 50만 대 생산이라는 놀라운 성장을 이끌었다.

지속적인 개선을 통해 2000년대 중반까지 연간 700만 대의 생산량을 자랑하며 승승장구하던 토요타는 글로벌 금융위기에 따른 수요 급감으로 공장 가동률이 급격히 떨어지는 위기 상황에 직면하게 되었다. 한때 4,000억 엔이 넘는 영업적자를 기록하기도 했다. 결국 생산성 향상을 위한 대표적 사례로 회자되던 보합회의도 무리한 확장으로 토요타를 위기에 빠뜨리고 말았다는 비판을 받았다. 성장의 핵심 전략이 경영 악화의 주범으로 몰리게 된 셈이다.

토요타의 전략

이때 토요타는 새롭게 '부품업체와의 협력을 통한 위기 극복'이라는 전략을 선택했다. 그리고 계열사와 협력사들에 '상생'을 위한 노력에 동참해줄 것을 호소했다. 이 전략은 이후 토요타를 이끄는 핵심 전략이 되었으며, 생산성 향상에만 집중하던 모습을 버리고 초심으로 돌아가 새로운 토요타를 만들겠다는 '토요타 정신'으로 자리 잡았다.

토요타는 위기 극복에 필요한 원가절감과 신기술 개발, 생산 효율성 제고, 품질 향상 등이 부품업체의 협력 없이는 불가능하다는 판단하에 협력업체들과 동반 성장해나갈 수 있는 '상생 협력 관계모델'을 구축했다. 이를 위해 자신들이 만든 부품설계도에 따라 생산하게 하던 방식을

토요타 주가 추이

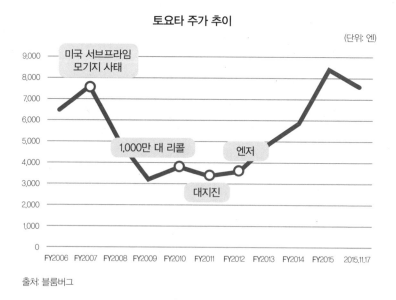

(단위: 엔)

출처: 블룸버그

바꾸어 부품업체들이 직접 설계까지 하는 방식으로 전환했다. 이것이 결국 부품업체들의 기술력 향상으로 이어졌고, 더불어 신차 개발의 기간 단축과 작업 효율 향상이라는 결과를 가져왔다. 또한 부품업체와의 협력을 통한 개발공정의 효율화로 설계 단계에서 80% 이상의 원가절감을 달성하는 효과까지 거두었다. 또한 '토요타 뉴글로벌 아키텍처' 프로젝트로 부품 공통화를 실현하고 기존 생산라인의 길이를 90% 이상 축소시킴으로써 공장 설립 비용을 40%가량 줄이는 성과를 거두었다. 한편 토요타는 원가절감을 통해 생긴 여유로 '신형엔진개발센터'를 설립하여 경쟁사들과의 경쟁을 준비해나갔다.

그 결과, 토요타는 2014년 1조 8,000억 엔의 원가절감을 통해 영업이익 2조 7,000억 엔에 주가는 2년 동안 50% 이상 급등하는 등 최상의 성적을 올리며 위기를 극복했다는 평가를 받았다.

오로지 **장인정신**으로

/

올림푸스

다카치호제작소(高千穗製作所)는 일본 신화에 나오는 신(神)들이 모여 사는 산의 이름에서 따온 명칭으로, 우리가 잘 아는 일본 기업 올림푸스(Olympus)의 옛 이름이다. 조직이 커지고 세계적 브랜드로 성장하던 시기인 1949년에 그리스신화에 나오는 올림푸스산(Mount Olympus)에서 힌트를 얻어 회사명을 바꾸게 되었다.

원래 현미경과 온도계를 생산해서 판매하던 이 회사는 1936년 렌즈 제작을 시작으로 카메라 부문까지 사업을 확장했다. 올림푸스로 이름을 바꾸어 확장을 계속하던 중 1969년에는 생화학분석기인 ACA-III를 개발했으며, 현재는 내시경, 의료기기 등을 포함한 광학장비 제작을 주력 사업으로 삼고 있다.

회계부정 스캔들 그리고 상장 폐지 위기

디지털카메라로 카메라 시장의 지각 변동이 시작된 이후 미러리스카메라(Mirrorless Camera)를 세계 최초로 선보이며 업계를 선도하던 올림푸스는 2011년 이후 위기에 봉착하고 말았다. 분식회계로 인한 스캔들에 휘말린 것이다. 1990년대 고위험 금융상품에 투자했던 올림푸스는 일본 경제가 붕괴되면서 17억 달러의 손실을 입었다. 그러던 중 2001년 회계처리 방식이 바뀌면서 이러한 손실을 재무제표에 반영해야 했는데, 당시의 올림푸스 경영진이 이를 은폐하며 비자금 조성, 투자손실 누락 등으로 회계부정을 저질렀다. 회계부정을 폭로한 인물은 당시 올림푸스 최초의 외국인 CEO였던 마이클 우드퍼드(Michael Woodford)였다.

올림푸스는 이 스캔들로 2011년 8월 주가가 사건 발생 전인 2010년 동월 대비 49%나 폭락하여 시가총액이 5,500억 엔 감소하는 막대한 손실을 입었다. 투자자와 주주들의 손해배상 청구가 빗발치면서 올림푸스는 상장 폐지 위험에 처하게 되었다.

'모노즈쿠리'로의 회복

27세에 올림푸스에 입사하여 줄곧 일해온 사사 히로유키(笹宏行)가 CEO 자리에 오르면서 올림푸스는 '모노즈쿠리(物作り)'로의 회복을 외쳤다. 모노즈쿠리란 후지모토 다카히로(藤本隆宏) 도쿄대 교수가 제조업에 강한 일본 기업들의 특성을 설명하며 처음 사용한 용어로, '일본 특유의 장인정신'을 일컫는다. 히로유키는 혼신의 힘을 쏟아 최고의 물건을 만드는 장인정신을 회복하여 '본업'에서 과거 올림푸스의 영광을 되찾고자 했다.

히로유키는 먼저 부패 관련자들에게 책임을 묻고 임원 선임 절차를 투명화하는 것을 시작으로 개혁의 칼을 뽑아 들었다. 곧이어 수익도 없이 무분별하게 늘어난 사업 부문을 매각 또는 통폐합하고, 전체 직원의 7%인 2,500명 이상을 감원했다. 그리고 올림푸스의 본업인 의료기기사업에 집중했다.

올림푸스는 미국 미네소타주 브루클린파크에 300명 이상의 임직원을 수용할 수 있는 새로운 의료기기연구소를 설립했다. 성장 가능성이 높은 시장이라고 판단했기 때문이다. 또한 소니와 손잡고 의료장비벤처인 소니올림푸스 메디컬솔루션(SONY Olympus Medical Solution, SOMED)을 설립했다. 두 회사는 기술 협력으로 몸속을 입체적으로 볼 수 있는 외과용 3D 내시경시스템을 개발했고, 올림푸스의 유통망을 활용하여 전 세계 여러 병원에 판매하는 전략을 펼쳤다.

2013년 6월은 올림푸스의 임직원들에게 손에 땀을 쥐게 하는 달이었다. 약 1년간의 '모노즈쿠리로의 회복' 노력이 도쿄증권거래소의 심사를 받게 되었기 때문이다. 다행히 올림푸스는 상장재심사에서 통과되었고, 이것이 터닝포인트로 작용했다. 매출은 여전히 하락세였지만, 본업인 의료 부문의 매출이 4,923억 엔으로 호황기였던 2009년의 3,507억 엔보다 훨씬 높은 수치를 기록하며 서서히 회복의 흐름을 보이기 시작했다.

위기 극복은 '본질'로

올림푸스는 모든 제품을 신제품과 같은 수준의 품질로 관리한다는 철학을 가지고 있다. 업계 최고의 글로벌 서비스 네트워크 구축을 위해 23개국에서 200여 개의 서비스센터를 운영하고 있으며, 고객들이 어떤 곳에서든 동일한 품질의 서비스를 받을 수 있도록 글로벌 감사와 교육체계를 확립했다. 올림푸스의 연간보고서(2014)에 따르면, 의료 부문의 매출 기여도가 69%에 이르고, 위내시경의 세계 시장점유율은 약 70.1%에 달한다. 일본의 대형 병원에서는 올림푸스 제품이 전체의 90%를 초과하며 독보적 위치를 차지하고 있다.

"모든 기업엔 위기가 닥칩니다. 그 위기를 극복하는 방법은 본질로 돌아가는 것입니다. 우리와 같은 제조기업에서 본질로 돌아가는 것은 모노즈쿠리, 즉 제조기업의 장인정신을 되찾는 것을 의미합니다."

현재 올림푸스는 이러한 히로유키의 신념이 조직문화로 자리매김하여 모든 직원이 '본질을 중시하는 마음가짐으로 미래를 내다보며 행동'하고 있다.

위기에 직면해도 리질리언스를 발현하여 극복해내는 올림푸스의 힘이 여기에 있다.

옴니채널에 길이 있다

/

메이시스

하루가 다르게 소비자들의 성향이 변하고 스마트폰과 태블릿 등의 기기가 보편화되어 온라인·모바일 쇼핑업계가 빠르게 성장하는 가운데 전통적인 오프라인 유통업체들은 옴니채널(omni-channel)이라는 전략(口)을 내세워 현재의 위기를 극복(復)하고자 노력하고 있다.

옴니(omni)는 '모든 것', '전체', '전부'라는 의미의 접두사로, 옴니채널은 PC·모바일·오프라인 등 다양한 유통채널이 하나로 연결되어 소비자가 어떤 상황에서도 물 흐르듯 편하게 쇼핑을 즐길 수 있는 생태계를 말한다. 다시 말해서 소비자가 마치 하나의 매장을 이용하는 듯한 느낌을 받을 수 있도록 '끊김 없는(seamless)' 서비스를 제공하는 것이다.

미국의 메이시스(Macy's)백화점은 글로벌 유통업계에서 옴니채널 전략을 발 빠르게 도입하여 위기 극복에 나선 대표 기업으로 손꼽힌다. 옴니채널 전략이 무엇인지 알려지지도 않고 이를 실행하는 유통기업이 전무했던 시기에 메이시스는 옴니채널을 주요 전략으로 채택하여 구조적 위기를 극복해나갔다.

메이시스의 CEO 테리 룬드그렌(Terry J. Lundgren)은 "소비자들은 매장, 데스크톱, 태블릿, 스마트폰 등 다양한 경로로 쇼핑하고 있다. 이런 소비자들의 변화에 대응하기 위해 우리의 사업은 빠르게 진화하고 있다"고 말하며, "우리는 소비자들이 어디로 향할 것인가에 초점을 맞추고 그다음 단계를 준비하며 투자를 계속해야 한다"고 강조했다.

흑자 전환의 기점

1858년 뉴욕 중심부에 위치한 작은 가게에서 시작한 메이시스는 미국 전역에 800여 개의 매장을 보유한 대형 백화점으로 성장했다. 하지만 2000년대 후반, 경기 침체의 그늘이 드리우면서 백화점 시장이 포화 상태에 이르고, 온라인쇼핑업체와 '카테고리 킬러(분야별로 전문매장을 특화해 상품을 판매하는 소매점)' 등과의 경쟁 심화로 위기 상황에 봉착했다. 게다가 메이시스는 고급 백화점도 아니면서 가격 경쟁력이 높지 않다는 인식이 소비자들 사이에 확산되면서 입지가 좁아지고 있었다. 실제로 메이시스의 매출은 2007년 263억 달러에서 2009년 235억 달러까지 떨어졌다.

이런 가운데 메이시스는 옴니채널을 돌파구로 삼았다. 옴니채널 전략을 실행하기 위해 주문 과정부터 재고 관리, 마케팅, 영업 등이 유기적

으로 연결되도록 기획하고, 온라인과 오프라인이 서로 끊김 없이 연계되
도록 만드는 데 자원을 집중했다. 특히 소비자가 온·오프라인을 넘나들
때 불편을 느끼지 않도록 하는 데 주안점을 두었다.

메이시스는 먼저 소비자가 온라인에서 구매한 상품을 오프라인 매장
에서 직접 수령할 수 있는 서비스(Buy online, pick up in store)를 도입
했다. 반품도 온·오프라인 구분 없이 어디서든 가능하게 했다. 소비자
는 출근길 지하철에서 스마트폰으로 메이시스 온라인몰에서 구두를 산
뒤 퇴근 후 배송된 구두를 신어보고 마음에 들지 않으면 그다음 날 백
화점에 들러 반품하고 환불을 받을 수 있다. 이와 더불어 메이시스는
800여 개 메이시스 지점을 이용한 배송시스템을 구축했다. 고객이 주문

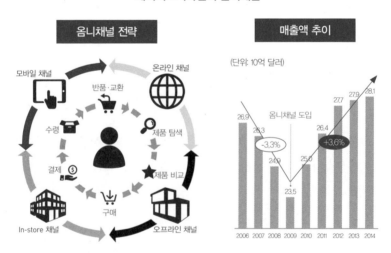

메이시스백화점의 옴니채널

출처: 메이시스, 삼정KPMG 경제연구원 재구성

한 상품이 고객과 가장 가까운 매장에서 바로 배송되도록 하는 'Store-fulfillment Program(점포 내 주문처리프로그램)'을 시행하고 있다. 그 결과, 옴니채널 전략을 본격적으로 시작한 2010년 당시 10개에 불과했던 온라인 주문 처리 오프라인 매장이 4년이 지난 2014년에는 800개로 크게 확대되었다.

또한 메이시스는 오프라인과 온라인의 가격을 통일시키기 위해 심혈을 기울였다. 온·오프라인에서 실시하는 프로모션도 일원화하여 모든 매장에서 동일한 고객서비스를 제공하도록 만들었다. 고객의 스마트폰을 통해 위치 기반의 쇼핑 정보와 실시간 혜택을 제공하는 숍킥(Shopkick), 개인정보를 기반으로 적합한 상품을 추천하고 제공하는 트루핏(True Fit)서비스도 실시 중이다. PC·태블릿·스마트폰 등 기기 간 연동 및 온라인·오프라인·모바일 등의 채널연계시스템을 통해 언제 어디서나 쿠폰을 저장하여 사용할 수 있게 하는 모바일 월릿(Mobile Wallet) 등의 서비스도 선보이고 있다.

메이시스의 노력은 여기서 그치지 않았다. 옴니채널 구축을 보다 강화하기 위해 2014년 1월에는 매출이 부진한 14개 매장을 폐쇄하고 마케팅과 판매촉진 부서를 개편하는 등 전면적 개혁에 착수했다. 조직 개편을 통해 메이시스는 1억 4,000만 달러를 절감하고, 해당 자금을 활용해 보다 나은 옴니채널 구현을 위한 기술 투자에 나섰다. 아울러 업계 최초로 온라인과 오프라인을 총괄하는 COO(Chief Omni-channel Officer, 최고옴니채널책임자)를 임명하며 발 빠른 행보를 이어갔다. 메이시스의 COO는 명확한 포지셔닝을 위해 소비자들의 옴니채널 경험을 확대하는 방향으로 기존 서비스를 발전시키는 한편 새로운 서비스를 도입하는 데 힘쓰고 있다.

이처럼 전사적 옴니채널 전략을 구축함으로써 메이시스는 고객들이 온라인쇼핑에서 가장 불편한 점으로 꼽았던 환불과 교환을 용이하게 했을 뿐만 아니라, 배송비 절감과 지점 내 재고의 빠른 순환을 통해 실적 개선을 이루어냈다.

2006년부터 2009년까지 -3.3%로 하락세를 보이던 메이시스의 연평균 매출액 성장률은 옴니채널 전략 실행 이후 2009년부터 2014년까지 플러스 3.6%로 전환되었다. 현재 메이시스는 옴니채널 전략을 성공적으로 실행한 유통기업의 대표 사례로 기업들의 모범이 되고 있다.

메이시스백화점의 옴니채널서비스

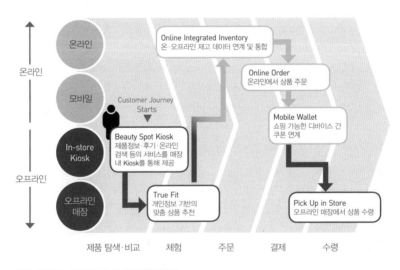

출처: 메이시스, 삼정KPMG 경제연구원 재구성

몰락의 **위기**에서 **기회**를 찾다

/

후지필름

후지필름은 디지털카메라의 등장으로 몰락한 필름업계에서 자체 핵심 역량을 기반으로 위기를 극복하고 살아남은 대표적인 기업이다.

기업이 생존 전략을 수립할 때 기존의 핵심 사업에 변화를 준다는 것은 결코 쉽지 않은 일이다. 그런 의미에서 후지필름의 사례는 위기에서 새로운 기회를 찾은 특별한 사례라고 할 수 있다.

필름산업의 몰락과 생존

후지필름은 1934년 후지사진필름주식회사(Fuji Photo Film Co.)라는 이름으로 설립되어 영화필름을 만들기 시작했다. 이후 카메라용 필름과 사진 관련 장비 등을 개발하여 아그파포토(AgfaPhoto), 코닥(Kodak)과 함께 세계 3대 필름회사로 성장했다.

후지필름에는 항상 세계 최초라는 수식어가 따라다녔다. 세계 최초로 저장 기능 디지털카메라(DS-1P)를 개발한 것이 대표적이다. 그만큼 혁신을 행동으로 보여준 기업이라고 할 수 있다.

그런데 1981년 소니(Sony)에서 디지털카메라 마비카(Mavica)를 들고 나오면서 시장 상황이 급변했다. 본격적으로 디지털카메라 시대가 열리면서 그 여파로 필름과 관련 장비를 생산하는 기업들이 무너지기 시작했다. 2005년에 아그파포토가, 2012년에 코닥이 파산신청을 하며 몰락의 길을 걸었다. 모두가 변화에 대응하지 못하고 계속해서 기존의 필름 사업에 집착한 결과였다.

"주력 사업이 무너져도 솟아날 구멍은 있다"

필름 시장이 쇠락하자 후지필름은 2004년 제2의 창업을 선언하며 변화를 시도했다. 그간 축적해놓은 화학물질 개발 기술 노하우를 바탕으로 화장품과 의약품 분야로 진출하기로 한 것이다. 후지필름의 목표는 기능과 조직을 간소화함으로써 고정비를 줄이고, 중점 사업 분야를 중심으로 신제품을 개발하여 신시장에서 수익을 내겠다는 것이었다.

이를 위해 2년간 필름 부문 인력의 30%에 해당하는 5,000명을 전환배치하고 구조조정을 실시했다. 과감하게 대리점을 줄이고 조직을 전면적으로 재편했다. 그 결과, 필름사업 부문의 매출 비중이 전체의 1%대로 줄어들었음에도 매출은 10년 만에 1조 엔 상승하는 모습을 보이며 성공적인 변화를 이끌 수 있었다.

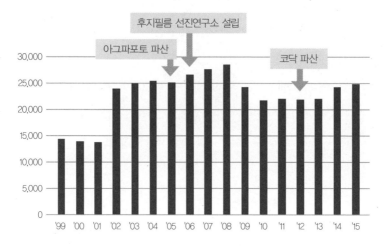

후지필름 매출 추이

(단위: 억 엔)

후지필름 선진연구소 설립

아그파포토 파산

코닥 파산

출처: 블룸버그

핵심 역량을 통한 사업다각화

후지필름은 이에 만족하지 않고 새로운 도전에 나섰다. 필름이 자외선이나 다른 물질에 의해 변질되는 것이 마치 인간의 노화 과정과 비슷하다는 점에 착안하여 2005년 생활과학연구소 안에 기능성화장품 개발 전담팀을 만들어 노화방지용 화장품 개발에 박차를 가했다. 개발팀은 일반적인 기능성화장품이 아닌 후지필름다운 화장품 개발을 위해 노력했다. 그런 가운데 필름의 주원료인 '콜라겐'에 주목하게 된다. 하지만 이미 다른 화장품에서도 콜라겐을 주원료로 사용하고 있었다. 개발팀은 여기서 한 단계 더 발전된 물질 개발을 고민했고, 그러면서 오랜 시간이

지나도 필름이 변색되지 않게 해주는 기술에서 실마리를 찾게 된다.

　후지필름은 필름 변색 방지에 사용되는 화학물질 20만 종 중에서 인체에 무해한 물질을 선별하여 다양한 실험을 실시했다. 이것은 기존의 화장품회사들이 모방할 수 없는 후지필름만의 노하우가 있었기에 가능한 일이었다. 이렇게 해서 만들어진 제품이 바로 '아스타리프트(Astalift)'다. 후지필름을 대표하는 기능성화장품으로 자리매김한 이 제품을 출시한 이후 후지필름의 화장품사업은 4년 만에 첫해 성적의 15배가 넘는 괄목할 성장을 이루었다.

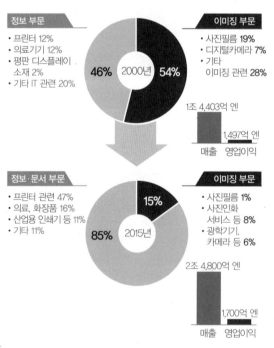

후지필름 부문별 매출 비중 변화

정보 부문
- 프린터 12%
- 의료기기 12%
- 평판 디스플레이 소재 2%
- 기타 IT 관련 20%

46% 2000년 **54%**

이미징 부문
- 사진필름 19%
- 디지털카메라 7%
- 기타 이미징 관련 28%

1조 4,403억 엔

1,497억 엔

매출　영업이익

정보·문서 부문
- 프린터 관련 47%
- 의료, 화장품 16%
- 산업용 인쇄기 등 11%
- 기타 11%

85% 2015년 **15%**

이미징 부문
- 사진필름 1%
- 사진인화 서비스 등 8%
- 광학기기, 카메라 등 6%

2조 4,800억 엔

1,700억 엔

매출　영업이익

출처: 후지필름

과거를 거울 삼아 방심하지 않다

후지필름은 2008년 금융위기로 매출에 타격을 입자 '혁신을 통한 새로운 가치 창출'이라는 비전을 내세웠다. 지나치게 높은 국내 의존도가 금융위기에 따른 매출 감소의 원인이 되었다고 판단하고, 해외시장 개척을 위해 많은 인재들을 신흥국에 파견했다. 이때 설립된 조직이 바로 '신흥국 전략실'이다. 이를 계기로 후지필름은 해외 매출 비중을 50% 이상 끌어올리는 성과를 거두었다.

화장품 부문에서의 성공을 발판으로 후지필름은 핵심 역량의 활용에 더욱 적극적으로 나섰다. 자체 기술을 응용하여 의료솔루션과 제약산업 진출을 시도하며 필요한 기업들을 M&A했다. 2008년 일본의 제약회사인 도야마(富山)화학을 인수하고, 2011년에는 독일 머크(Merck)의 자회사인 영국 MSD 바이오로직스와 미국의 다이오신스 RPT 지분을 사들여 바이오의약 분야를 강화했다.

2000년 취임한 CEO 고모리 시게타카(古森重隆)는 신속한 의사결정과 과감한 추진력으로 10여 년간 7,000억 엔을 투자하여 40여 개 기업을 인수하는 기염을 토했다. 2007년 사상 최고의 영업이익을 기록한 후 그는 니혼게이자이신문과의 인터뷰에서 이렇게 말했다.

"필름을 만드는 데 적용하는 나노기술을 화장품과 의료기술 등에 접목시킨 것은 우리가 처음입니다. 죽는 것보다 차라리 수술해서 사는 것이 낫다는 생각으로 변신을 시도했습니다."

핵심 역량을 발판으로 장기적 기술 개발과 투자에 힘써 생존의 위기

에서 탈출하며 제2의 도약에 성공한 후지필름은 앞으로 헬스케어 시장
에서 다시 한 번 세계 최고가 되기 위해 달리고 있다.

선제적 구조조정으로
중국 시장을 잡다

/

아모레퍼시픽

프로야구를 좋아하는 사람이라면 아마도 한국 프로야구의 원년(1982년) 멤버인 삼미 슈퍼스타즈(1982~1985)를 기억할 것이다. 삼미 슈퍼스타즈는 1985년 청보 핀토스(1985~1987)에 매각되었고, 이어서 다시 태평양(현 아모레퍼시픽)에 인수되어 태평양 돌핀스라는 이름으로 1995년까지 활약하면서 준우승(1994)을 하기도 했다.

화장품회사와 프로야구 구단. 당시에 남성들이 열광하던 프로야구와 여성 전유물인 화장품과의 결합은 쉽게 상상할 수 있는 조합이 아니었다. 사실 태평양이 프로야구 구단을 인수한 것은 사업다각화라는 이름으로 시작한 문어발식 확장의 대미라고 할 수 있었다. 아모레퍼시픽은 1970~1980년대의 사업다각화에 힘입어 1990년대 초 생활문화 소비재, 금융과 서비스, 기술과 산업 소재, 교육과 문화 등 4개 사업군에 걸쳐

1974년	장원산업 설립(부동산관리회사)
1976년	아천개발, 서울악기 인수
1977년	태평양금속 설립
1982년	동방증권 인수 홍일상호신용금고, 동방경제연구소, 동방투자자문, 태평양생명보험 설립
1983년	충무기획 인수, 동방기획으로 사명을 바꾸고 광고업 진출
1983년	태평양제약 출범(의약품사업부 독립)
1987년	프로야구구단 청보 핀토스 인수, 태평양 돌핀스 창단

출처: 《나는 다시 태어나도 화장품이다》(한미자 지음, 2015), 언론자료 종합

25개 계열사를 거느린 중견그룹으로 성장했다.

최악의 상황에서 내린 특단의 조치는?

아모레퍼시픽은 사업다각화로 외형적 성장을 이루었지만, 1990년대 초부터 본업인 화장품을 제외한 나머지 계열사들은 대부분 적자를 기록했다. 어려워진 계열사들을 위해 지급보증을 하면서 본사는 만기가 되어 돌아오는 부채 상환 때문에 자금 압박을 받기 시작했다. 게다가 관료주의, 노사 갈등 등으로 경영 상태가 최악으로 치달았다. 이뿐만이 아니었다. 쟁쟁한 해외 화장품기업들의 국내 시장 진출과 공격적인 후발주자들의 도전으로 말미암아 창업 이래 가장 큰 어려움에 직면했다. 당시 기획조정실 사장이었던 서경배 회장이 여러 인터뷰에서 "당시에는 최대 현안이 위기 극복이었다"라고 말할 정도로 상황이 심각했다.

특단의 조치가 필요했다. 아모레퍼시픽은 기본으로 돌아갔다. 상황이 더 악화되기 전에 기업의 핵심 역량인 화장품을 중심으로 선제적 구조조정을 단행했다. 1991년 본사보다 규모도 크고 흑자를 기록하던 태평양증권을 우선적으로 매각했다. 과감한 결단이었다. 이어서 1994년에 태평양프랑세아, 1995년에 한국써보 등을 정리했다. 그리고 1996년 태평양 돌핀스를 현대에 매각했다. 청보 핀토스를 인수할 당시 조건이었던 부채 50억 원에 8년간 이자 20억 원을 합한 총 70억 원을 현대에 넘기고 별도로 현금 400억 원을 받았다. 이는 한국 프로야구 사상 시세차익을 남기는 데 성공한 유일한 거래로 기록되었다.

본업에 충실하겠다는 의지로 선제적 구조조정을 마친 아모레퍼시픽은 현금을 확보하게 되었고, 이것으로 화장품 신규 브랜드인 설화수와 아이오페 등을 출시하여 잇단 성공을 거두며 1997년 외환위기를 넘길 수 있었다.

아모레퍼시픽은 위기에서 벗어나는 것에만 안주하지 않았다. 이어서 핵심 역량을 강화하기 위한 2차 구조조정을 진행했다. 시장에서 장기적

아모레퍼시픽 선제적 구조조정 과정

1차 구조조정	2차 구조조정
1991년 태평양증권	1998년 한국태양잉크
1994년 태평양프랑세아	1999년 동방상호신용금고
1995년 한국써보	1999년 태평양생명
1996년 태평양 돌핀스	2000년 동방커뮤니케이션즈, 태평양정보기술
	2004년 바이오랜드, 태평양금속

출처: 《나는 다시 태어나도 화장품이다》(한미자 지음, 2015), 언론자료 종합

으로 경쟁력을 확보하지 못하면 결국 어려움에 처할 수밖에 없다는 판단으로 사업 영역을 미와 건강 분야로 확장하는 한편, 나머지 사업은 모두 정리했다. 2차 구조조정으로 아모레퍼시픽의 계열사는 25개에서 6개로 줄어들었다.

브랜드 이미지 제고가 이룬 '쾌속 성장'

위기 이전의 상황으로 완전히 회복한 아모레퍼시픽은 새로운 도약을 준비했다. 중국을 비롯해서 지속적으로 해외시장을 노크했다. 특히 중국 시장에 초점을 맞추었다. 2000년 11월 상하이 현지 법인을 설립하고, 2002년 7월 현지 공장을 세웠다. 또 거점 도시들의 주요 백화점에 매장을 개설하면서 단기 매출 확대보다는 브랜드 이미지 제고에 주력하는 장기적인 안목으로 중국 소비자들을 공략했다. 결과는 대성공이었다. 살얼음판을 걸었던 1994년 매출액이 2015년 7.4배로 증가했고 영업이익은 20배가량 상승했다.

중국 시장에서의 성공을 발판으로 아모레퍼시픽은 2014년부터는 더욱 놀라운 실적을 내고 있다. 2014년 매출 4조 7,119억 원, 영업이익 6,591억 원으로 전년보다 각각 21%(8,166억 원), 40.3%(1,893억 원) 증가했고, 2015년에도 매출(5조 3,900억 원)과 영업이익(8,516억 원)이 각각 14.4%(6,780억 원), 29.2%(1,925억 원) 증가할 것으로 예상된다. 시가총액도 무서운 속도로 늘어났다. 2015년 12월 2일 기준 아모레퍼시픽의 시가총액은 24조 9,033억 원으로 2013년 말(6조 2,301억 원)보다 300%나

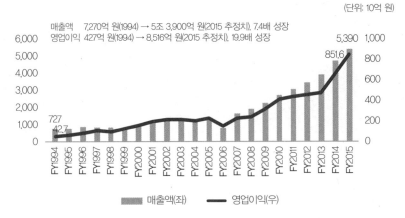

아모레퍼시픽 실적 추이(1994~2015)

(단위: 10억 원)

매출액   7,270억 원(1994) → 5조 3,900억 원(2015 추정치), 7.4배 성장
영업이익 427억 원(1994) → 8,516억 원(2015 추정치), 19.9배 성장

■■■ 매출액(좌)   ━━ 영업이익(우)

출처: 블룸버그, 삼정KPMG 경제연구원

뛰었다. 상장 당시(1997년 3월 1일)와 비교하면 940%(22조 5,094억 원)
늘어난 것이다.

　아모레퍼시픽은 기업의 리질리언스 요소 중 하나인 '극복력'의 대표 사
례로 손꼽힌다. 극복력뿐만 아니라 세계 시장을 미리 내다보는 '인지력'
과 본업이 아닌 사업을 과감하게 정리하는 결단력, 즉 '행동력'까지 갖추
었다. 그렇기에 단순한 회복에 만족하지 않고 지속적인 성장을 추구하
여 세계적인 경기 불황에도 불구하고 승승장구하고 있는 것이다.

　과감한 결단과 놀라운 변신으로 뛰어난 극복력을 보여준 아모레퍼시
픽의 질주는 앞으로도 계속될 것으로 보인다.

7

움직이는 자가 산다

행동력(行動力)

과감하게, **지속성**과 **균형성**의 기반

/

어떻게 행동했을까

행동(行動)은 '몸을 움직여 동작을 하거나 어떤 일을 함'이라는 뜻인데, 더 구체적으로는 '분명한 목적이나 동기를 가지고 생각과 선택, 결심을 거쳐 의식적으로 행하는 일'을 의미하기도 한다.

행동력의 행(行)자를 세부적으로 들여다보면 사람이 길을 걸어가는 모습을 형상화한 것이다. 척(彳)은 '조금 걸을 척'으로 불안정하게 절뚝거리며 걷는 형상을 가리키고, 촉(亍)은 '자축거릴 촉'으로 한 발을 들고 뛰는 형상을 나타낸다. 절뚝거리며 걷는 것과 한 발을 들고 뛰는 것 모두 불안정하고 위태로운 모습이다. 그럼에도 불구하고 계속해서 움직인다는, 어려움 속에서도 균형을 찾아가며 새로운 길로 걸어 나간다는 의미로 해석할 수 있다.

동(動)은 무거울 중(重)과 힘 력(力)이 합쳐진 글자로, 아무리 무거워

출차: 삼정KPMG 경제연구원

도(重) 힘(力)을 쓰면 움직일 수 있다는 의미를 담고 있다. 어떤 어려움도 투지와 결단력, 과감성을 가지고 행동하면 극복할 수 있다는 것이다.

움직이지 않으면 죽는다

행동이라는 단어가 우리 기업들에 주는 메시지는 간결하고 강력하다. 과감하게 움직여야 살 수 있고, 그렇지 않고 정체된 기업은 시장에서 사라질 수밖에 없다. 불안하고 위험한 상황이라도 결단력과 대담성을 가지고 지속적으로 행동(行動)해야 한다. 그것이 기업의 존재 이유이기도 하다.

1등이나 2등이 아니면 버려라

/

GE

미국 뉴욕 맨해튼의 중심에 위치한 록펠러 플라자(Rockefeller Plaza)에 가본 사람이라면 가장 높이 솟은 빌딩을 보았을 것이다. 그 빌딩의 지붕에 멀리서도 보이는 로고를 달고 있는 회사가 바로 GE(General Electric)다.

GE의 본래 이름은 '크리스토퍼 장군의 전기회사(General Christopher's Electric)'로, 사람들에게 '모두를 위한 전기회사'로 알려져 있다. 발명가인 토머스 에디슨(Thomas A. Edison)이 전구 개발에 막대한 자금을 투여하여 부채에 허덕이자 남북전쟁 당시 동부사령관이었던 크리스토퍼가 전구 덕분에 야간 기습에서 살아남을 수 있었다며 기꺼이 거액을 투자했다. 이에 에디슨은 감사의 표시로 장군의 이름을 넣어 회사명을 지었다.

공룡기업의 다이어트

공룡기업으로 성장한 GE는 지나친 사업 확장으로 1980년대 초 하향 곡선을 그리기 시작했다. 이때 45세의 젊은 CEO 잭 웰치(Jack Welch) 가 등장하여 '세계적인 경쟁력을 갖춘 기업만이 경쟁에서 이길 수 있다' 는 모토를 제시하며 대담한 사업 축소를 단행했다. 총 290억 달러 규모의 사업 부문을 매각 또는 인수했고, 150개가 넘는 사업 분야를 12개 사업군으로 재편성했다. 이후 잭 웰치가 재임하던 20년 동안 매출이 1981년 270억 달러에서 2001년 1,259억 달러로 증가했고, 주가는 40배 이상 뛰었다.

'1등 혹은 2등이 아니면 버린다'는 GE의 경영철학은 현재 회장인 제프리 이멜트의 시대에도 여전히 살아 있다. 2015년 4월, GE는 경영난을 심화시킨 주범으로 인식되어온 GE캐피털을 매각 또는 분사의 형태로 최대 75%까지 정리하겠다고 발표했다. 그전인 2014년 9월에는 100년 전통의 가전사업을 매각한 데 이어, 2013년 그룹 전체 수익의 55%를 담당했던 금융 부문까지도 정리하기로 결정했다. 이는 123년 GE의 역사상 가장 큰 구조조정이었지만, 시장의 반응은 긍정적이어서 주가가 10% 이상 급등하며 금융위기 이후 일일 최대 상승률을 기록하기도 했다.

환경 규제를 기회로 만들다

이어서 GE는 사물인터넷과 융합한 새로운 개념인 '산업인터넷 (Industrial Internet)'의 강자로 변신하겠다고 나섰다. 산업인터넷은 빅데이터와 첨단기술을 결합하여 기계에서 발생하는 사고와 고장을 사전에 예측함으로써 자원 낭비를 최소화하는 기술을 의미한다. 예들 들어 GE의 '레일커넥트 360(RailConnect 360)'은 운행 중인 기관차의 성능 데이터를 분석하여 연료를 절감하고, 정비 일정을 자동으로 결정하며, 예측하지 못한 운행 중단을 최소화하여 유지보수의 효율성을 증가시킨다. 이러한 산업인터넷이 산업의 구도를 바꿀 것이라고 판단한 GE는 스마트 공장 등 관련 사업에 투자를 확대해왔다.

한편으로 GE는 다가올 기후변화 문제에 대응하기 위해 환경 규제를 피하기보다 오히려 이를 기회로 삼아 새로운 동력으로 성장시키는 전략을 구상했다. 이른바 '에코매지네이션(Ecomagination)'으로 불리기도 하는 이 전략은 "환경이 곧 돈이다(Green is Green)"라는 제프리 회장의 발표로 요약되는 미래 전략의 핵심이다. 이에 따라 청정기술에 대한 R&D 투자를 확대하고 에너지 효율 개선에 집중했다. 결과는 고무적이다. 탄소배출량을 15% 절감하는 LEAP엔진은 GE 역사상 최고인 1,340억 달러 규모의 수주를 기록했고, 에코매지네이션 인증제품의 매출은 2,000억 달러에 이르렀다. 2014년에는 프랑스의 간판기업 알스톰(Alstom)의 에너지 부문을 인수·합병하여 하이브리드(Hybrid)자동차, 쓰레기매립지 재활용, 태양광발전 등의 사업을 주도적으로 전개하고 있다. 이러한 노력으로 주가가 지속적으로 상승하여 지난 2015년 11월에는 7년 만에 최고치를 달성했다.

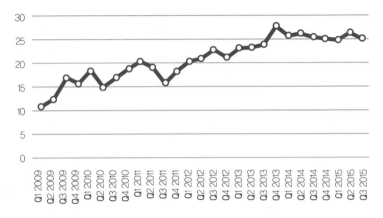

GE의 분기별 주가(2009~2015)

(단위: 달러)

출처: 블룸버그

맞춤형 세계화

GE의 차별화된 행동력은 과감한 사업 매각뿐만 아니라 조직에서도 찾아볼 수 있다. 2011년 제프리 이멜트 회장은 성장률이 둔화하는 선진 시장에서 고성장의 신흥 시장으로 눈길을 돌려야 한다고 말하며, 앞으로는 세계화와 현지화 전략을 결합한 '맞춤형 세계화', 즉 '글로컬라이제이션(glocalization, globalization과 localization의 합성어)' 전략이 필요할 것이라고 예상했다. 이에 국가별 맞춤형 전략을 수립하고, 미국 본사가 아닌 홍콩에 운영본부를 둔 글로벌성장조직(Global Growth Organization, GGO)을 설립했다.

GGO는 미국을 제외한 전 세계를 중국, 남미, 한국 등 12개 지역으로 나누어 운영된다. 각국이 원하는 제품과 기술을 맞춤형으로 공급하면서 약 170여 개국의 시장에서 폭증하는 수요를 동시에 충족시키고 있다. 일례로 GE 파워앤워터(GE Power & Water) 사업부는 나이지리아 등 아프리카의 전력난 해소를 위한 인프라 확충 사업으로 연간 30% 이상의 수익을 거두고 있다.

GE는 이러한 민첩성과 반응력에 힘입어 2014년 〈포춘(Fortune)〉이 매출액 기준으로 선정한 세계 기업 순위에서 27위, 미국 기업 순위에서는 9위를 차지했다. '다우지수(Dow Index)'에 편입된 이후 약 130년 동안 남아 있는 유일한 기업 GE의 장수 비결은 끊임없이 미래를 예측하고 차별화된 전략으로 적극적으로 '행동'하는 데 있다.

도전을 혁신으로

/

아마존

현재 전 세계의 온라인쇼핑 시장은 배송 전쟁 중이다. 미국의 아마존과 중국의 알리바바, 한국의 쿠팡 등이 좀 더 빠른 배송을 위해 다양한 시도를 하고 있다. 초기의 가격 경쟁을 통한 차별화 전략에서 이제는 빠른 배송을 위한 경쟁을 벌이고 있는 것이다.

스마트기기 보급률이 증가함에 따라 온라인쇼핑 시장이 급속히 성장하는 가운데 수많은 경쟁 기업들이 생겨났다. 결국 기업들은 제품 구성과 가격에서의 차별성을 찾기 어려워 배송에 눈을 돌리기 시작했고, 어느덧 '빠른 배송'이 기업들의 최고 화두가 되었다.

익숙한 틀을 깨다

1990년대 말 미국 온라인쇼핑 시장의 경쟁이 격화되면서 아마존은 우위를 점하기 위해 물류 인프라에 변화를 주는 방향으로 전략을 선회했다. 당시에 온라인쇼핑 기업들은 물류시스템을 아웃소싱에 의존하고 있었다. 아마존 역시 아웃소싱으로 배송서비스를 제공했는데, 잦은 오류와 사고 등으로 원활한 물류서비스가 이루어지지 않자 자신들만의 물류시스템을 개발하기로 결심하게 되었다.

아마존은 고객의 주문과 창고 관리, 배송을 모두 직접 처리할 수 있는 시스템 개발에 착수했다. 이는 아웃소싱을 당연시하던 당시의 물류시스템 관행을 완전히 바꾸는 과감한 도전이었다. 이를 위해 매월 수천 대의 배송 트럭을 지역별로 구매하고, UPS와 페덱스(Fedex) 등에 의존하던 국제배송은 보잉의 최신 화물기를 구입하여 자체적으로 해결했다.

이 같은 아마존의 과감한 투자를 사람들은 부정적으로 보았고, 결국 아마존은 위기에 빠질 것이라는 전문가들의 예상이 신문 지면과 온라인 뉴스를 장식했다.

그럼에도 불구하고 아마존은 더욱 과감한 방법을 택했다. 경쟁사들과의 배송서비스 차별화를 목표로 아마존 로커 딜리버리(Amazon Locker Delivery)서비스와 아마존 프레시(Amazon Fresh), 예측배송(Anticipatory Shipping)서비스, 전용 오프라인 매장 신설 등의 다양한 시도를 했다. 그 중에서 예측배송서비스는 고객이 구매하려는 물품을 빅데이터를 통해 파악하고 가까운 물류창고로 배송하여 실제 주문 시 즉각적으로 배송할 수 있게 하는 시스템으로, 재고에 대한 리스크가 우려되는 방법이었다. 하지만 아마존은 빗나간 예측으로 인한 재고를 할인 판매하거나 유료회원들에게 선물을 보내는 등의 방식으로 전환하여 관리해나갔다. 한

아마존 배송 경로

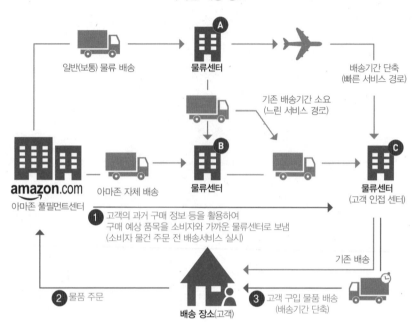

일반(보통) 물류 배송

물류센터 Ⓐ

배송기간 단축
(빠른 서비스 경로)

기존 배송기간 소요
(느린 서비스 경로)

amazon.com
아마존 풀필먼트센터

아마존 자체 배송

물류센터 Ⓑ

물류센터 Ⓒ
(고객 인접 센터)

❶ 고객의 과거 구매 정보 등을 활용하여
구매 예상 품목을 소비자와 가까운 물류센터로 보냄
(소비자 물건 주문 전 배송서비스 실시)

기존 배송

❷ 물품 주문

배송 장소(고객)

❸ 고객 구입 물품 배송
(배송기간 단축)

출차: 언론 기사를 토대로 삼정KPMG 경제연구원 재구성

편으로는 예측실패 데이터들을 집계하고 분석하여 이후 예측배송서비스의 정확성을 높여나갔다.

모든 도전이 성공하지는 않는다

아마존은 사업을 시작한 이래 매년 두 자릿수에 가까운 매출 성장을 거듭해오고 있다. 하지만 아마존의 영업이익은 매출 대비 낮은 수준이다. 그래서 분기별 실적이 발표될 때마다 각종 매체들은 무리한 투자가

아마존 매출액 및 영업이익 추이

(단위: 100만 달러)

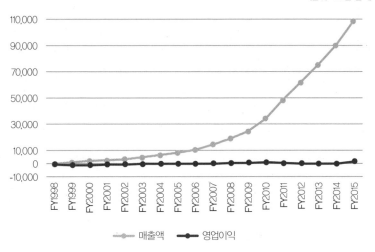

출처: 블룸버그

주된 원인이라고 지적하며 아마존의 손실폭을 대대적으로 보도하곤 했다. 일부 투자자들도 아마존의 과감한 투자와 도전에 불만과 우려를 표명했다.

실제로 아마존이 추진한 사업들을 보면 결과가 좋지 않은 경우도 적지 않았다. 2007년 아마존 킨들의 성공으로 제조업에서 자신감을 갖게 된 아마존은 스마트폰 제작에까지 뛰어들었지만 1억 7,000만 달러라는 엄청난 손실을 입어야 했다. 역시 무리한 투자였다는 비판이 강하게 제기되었지만, 그럼에도 불구하고 아마존은 '랩(Lab)126'이라는 연구소를 운영하며 새로운 기기 개발에 계속 투자하고 있다.

아직 끝나지 않은 도전

2013년 아마존은 다른 경쟁사들이 생각지 못했던 새로운 도전을 하게 된다. 바로 드론을 이용해 배송한다는 '아마존 프라임 에어' 프로젝트를 발표한 것이다. 소비자가 주문하면 30분 이내에 배송하겠다는 구체적인 내용까지 함께 발표했다. 이 발표 후 UPS와 DHL 등 글로벌 유통회사들도 앞다투어 드론을 이용한 배송서비스를 도입하겠다고 나섰다. 또한 아마존은 로봇회사인 키바시스템즈를 인수하여 물류처리 로봇을 물류창고에 전면 배치했으며, 이를 통해 작업 효율성을 연간 최대 40%까지 끌어올리고, 약 9억 1,600만 달러의 비용절감을 달성했다.

실패를 무릅쓰고 끝없이 도전하는 아마존은 과감한 행동력으로 다른 기업들이 하지 못하는 사업들을 추진하는 실례임에 틀림없다. 이것이 결국 독보적인 아마존의 경쟁력이 되어 좋은 결과로 이어지는 것이다.

현재 세계의 물류산업은 시장 포화로 인한 무한경쟁에서 살아남기 위해 새로운 경쟁력을 확보하려는 기업들의 연구가 한창이다. 그런 면에서 과감하고 남다른 시도를 통해 가치사슬을 확장해나가는 아마존의 모습은 기업들에 또 다른 위기이자 변화를 촉구하는 사례로 다가온다.

농업 트랜스포메이션의 선구자

/

존 디어

스마트폰 하나만 있으면 집에서 편하게 1년 농사를 짓는다. 스마트폰에 밭의 넓이와 원하는 농작물의 파종 양, 씨앗을 심는 간격 등 상세한 정보를 입력하기만 하면 된다. 트랙터가 인터넷에 연결되어 있어 600만 개의 센서에서 수집한 정보를 클라우드컴퓨팅 서버에서 받아 자동으로 씨앗을 뿌린다. 사람이 조종하지 않아도 입력된 정보대로 정확한 간격과 속도로 파종한다. 대용량 서버에는 해당 지역의 기후와 주변 관개시설 데이터 등이 저장되어 있어 이를 이용해 올해의 수확량도 예측할 수 있다.

농사가 이처럼 몇 번의 시스템 조작으로 가능할 만큼 간단한 것인지 의문이 들 것이다. 마치 먼 미래 세계의 일처럼 느껴질 수도 있는 이 모습은 존 디어(John Deere)로 유명한 미국 디어앤드컴퍼니(Deere &

Company)가 현재 미국의 농업인들에게 실제로 제공하고 있는 서비스를 묘사한 것이다. 사물인터넷 트랙터와 같은 농기계를 클라우드컴퓨팅과 연결시킨 '스마트 농업'의 현실이다.

존 디어는 존 디어(John Deere)라는 대장장이가 1837년 설립한 회사로, 현재는 세계 최대 농기구 및 중장비 제작업체로 성장했다. 창업 당시부터 혁신을 향한 불굴의 투지와 지속성, 과감함이 뒷받침되었기 때문이다.

혁신을 향한 디어의 투지

미국 동부에 위치한 버몬트주에서 자란 존 디어는 1825년 영국의 산업혁명이 가속화될 무렵 대장간의 장인으로서 경력을 쌓기 시작했고, 꼼꼼한 장인정신과 발명의 재능으로 상당한 명성을 얻었다. 디어는 반짝이는 쇠스랑과 삽을 만들었는데, 버몬트 지방을 중심으로 날개 돋친 듯 팔려나갔다. 하지만 1830년대 중반의 경기 침체와 서부로의 인구 이동이 시작되면서 디어도 가족을 고향에 남겨둔 채 조그만 연장통과 몇 푼의 돈을 들고 서부로 떠났다. 그리고 1836년 일리노이 디투어에 도착한 지 이틀 만에 철공소를 세워 사업을 시작했다.

일리노이에서 농기구를 수리하며 지내던 디어는 어느 날 밭에서 일하던 농부가 쟁기에 달라붙은 흙을 털어내려고 애쓰는 모습을 보고 새로운 쟁기를 개발해야겠다는 생각을 갖게 되었다. 동부 뉴잉글랜드 지역의 가벼운 모래 토양에서는 효과적으로 사용되던 쟁기가 중서부의 묵직한 점토성 토양에는 적합하지 않다는 사실을 발견한 디어는 1836년 흙이 달라붙지 않게 곡선형으로 설계한 쟁기를 발명하고, 이듬해 디어앤드컴퍼니를 설립하여 본격적인 판매에 나섰다. 곡선형의 쟁기날을 따라 점토성의 흙이 둥글게 말리면서 저절로 떨어져나가는 쟁기는 금세 큰 인기를 끌었다. 농부들의 주문이 쇄도하면서 디어는 1848년 회사를 일리노이주 멀린 지역으로 옮겨 대량생산 체제를 갖추고, 미국 전역에 쟁기를 공급하기 시작했다. 농부들은 디어앤드컴퍼니의 쟁기 덕분에 곡식 수확량을 크게 늘릴 수 있었다.

디어는 지속적으로 혁신을 추진했다. 농부들에게 필요하다고 생각되면 디자인도 과감히 바꾸었다. 이후 대장장이 아버지 존 디어의 뒤를 이어 아들 찰스 디어(Charles Deere)가 회사를 맡아 강철쟁기, 경운기, 파종기 등의 다양한 제품들을 선보이며 사세를 확장했다. 그리고 찰스 디어의 사위 윌리엄 부터워스가 3대 사장이 되었다. 윌리엄 부터워스는 자신들이 생산하지 않는 품목을 생산하는 농기계회사 6곳을 인수·합병하여 회사를 한층 더 성장시켰다.

이후에도 디어앤드컴퍼니는 끊임없는 혁신과 새로운 아이디어로 전 세계에서 밀려드는 수요를 충족시켰고, 1930년대의 대공황 시기에도 성장을 거듭하여 매출액 1억 달러를 돌파하게 되었다. 1955년 이 회사는 미국의 100대 제조회사에 이름을 올린다.

쟁기에서 스마트 농기계까지

회사 설립 후 100년 가까이 말이 끄는 쟁기를 전문으로 생산하던 존 디어는 내연기관을 이용한 농기계 제조업체로 체질을 전환했다. 주력 사업을 과감하게 바꾸는 결단력을 발휘한 것이다. 그와 동시에 혁신을 위한 투자를 계속해나갔다. 매출의 4%를 꾸준히 R&D에 투자했고, 이는 존 디어가 오랜 기간 존속하며 성장을 유지할 수 있는 원동력이 되었다.

178년의 역사를 가진 존 디어는 현재 장기간의 번거로운 작업으로 이루어지는 농업에서 세계의 농업인들을 보다 자유롭게 하기 위해 힘쓰고 있다. 이를 위해 농기계에 IT를 접목한 '스마트 농기계' 제조업체로의 변신을 도모하는 중이다. 디지털 트랜스포메이션(Digital Transformation)

존 디어의 매출액 및 영업이익 추이

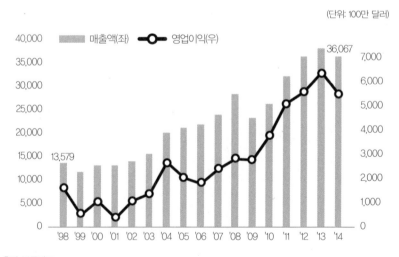

(단위: 100만 달러)

출처: 블룸버그

을 적극 실행하고 있으며, 농기계에 GPS를 장착하고 원격진단 장치를 내장하는 등 사용자의 생산성을 제고하는 한편, 유지·보수의 적시성 확보를 통한 고객가치 실현에 심혈을 기울이고 있다.

존 디어가 그리는 농업의 미래

과감하면서도 신중한 존 디어의 혁신은 경쟁에서 뒤쳐지지 않기 위한 노력으로 해석할 수 있다. 이제는 농업 분야에서도 데이터의 중요성이 커지면서 강수·토양·유전자 등의 데이터를 활용하여 작황을 극대화하고 리스크를 최소화하는 신개념 농업을 선도하려는 기업들 간 경쟁이 심화되고 있다. 이런 가운데 세계적인 종자기업 몬산토(Monsanto)는 9억 달러 이상을 들여 2013년 10월 기후 관련 데이터 분석 기업을 사들이기도 했다. 하지만 존 디어는 그에 앞서 2012년 농업 관련 데이터를 제공하는 '존디어필드커넥트' 서비스를 론칭했다.

누구보다 과감한 결단력과 혁신력으로 한 발 앞서가며 시장을 리드하는 존 디어가 미래의 농업 환경을 어떻게 바꿔놓을지 궁금하다.

고속열차에서 신호체계로

/

알스톰

알스톰은 고속열차 테제베(TGV)로 우리에게도 잘 알려진 프랑스의
간판 기업 중 하나다. 철도사업으로 세계 70여 개국에 진출했으며, 발전
부문을 GE에 매각하기 전까지 가스, 석탄, 원자력, 수력, 풍력 등 모든
발전 분야를 아우르며 중국과 브라질, 중동 등 전 세계 발전소들에 장
비를 납품해왔다.

1928년 프랑스 벨포르에 첫 공장을 개설한 알스톰은 속도의 신기록
을 갱신하며 철도산업을 주도했다. 그러나 1990년대 들어 철도산업에
지각 변동이 일어나기 시작했다. 철도 노선이 복잡해지고 지하철과 전
차(tram) 등 교통수단이 다양해지면서 안전 운행을 비롯한 새로운 수요
들이 생겨났다. 노선을 건설하고 객차를 공급하는 기존의 사업 방식은
한계에 봉착할 수밖에 없었다.

이때 등장한 혁신의 리더가 세르주 튀뤽(Serge Tchuruk)이었다. 최고 경영자로 부임한 그는 철도산업의 패러다임 변화를 감지하고 민첩하게 대응 전략을 전개했다. 안전 운행을 위해서는 소프트웨어 기반의 신호 체계와 이전과 다른 운영 역량을 확보하는 것이 중요하다. 이러한 변화의 흐름에 대응하여 알스톰은 교통량 관리 등 철도의 자동 주행을 통제하여 전체 노선의 최적화를 증진시키는 소프트웨어를 개발하고, 고속철 차량과 부품의 설계부터 유지관리까지 생애주기비용(Life Cycle Cost)을 관리하는 서비스를 제공하기 시작했다.

변화를 위한 M&A

변화의 첫 단계는 M&A였다. 1998년 이탈리아의 사시브(Sasib)철도를 인수하여 미래 철도사업에 중요한 신호체계 관련 기술과 역량을 강화했다. 이어서 1999년에는 캐나다의 승객 정보 및 안전 관련 솔루션업체도 인수했다. 또한 알스톰은 M&A뿐만 아니라 내부 연구를 통해 기존의 하드웨어 중심을 넘어 운영 및 관리와 신호체계를 포함한 소프트웨어까지 포함한 철도 관련 토털 비즈니스 기업으로 변모했다. 이러한 과정에서 약 20여 개국에 5,000명이 넘는 글로벌 네트워크서비스 인력을 구축했고, 고객의 요구에 신속히 대응하는 시스템을 갖추었다.

철도산업의 변화에 대응하는 적극적인 '행동'으로 알스톰의 매출액은 2006년 이후 지속적으로 증가했다. 2013년 매출액이 2006년 대비 60.5% 증가했고, 마이너스를 기록했던 영업이익률도 2008년부터 흑자로 전환되어 2013년에는 8%대로 2000년대 이후 가장 높은 성적을 냈다.

알스톰은 이렇게 철도산업의 변화를 조기에 감지하여 소프트웨어와 운영·관리를 포함한 철도 분야의 토털 기업으로 변신하는 민첩한 행동으로 경쟁우위를 확보할 수 있었다. 2014년 기준으로 알스톰의 전체 매출액은 여전히 철도차량 같은 하드웨어 비중이 높은 편이지만, 이익기여도 측면에서는 운영·관리 서비스(35%)나 신호체계(32%) 등 소프트웨어 비중이 인프라(10%)와 기관차·객차(23%) 비중보다 더 높은 상태다.

GE와 손을 잡다

2014년 6월, 알스톰은 GE와 손을 맞잡는다고 발표했다. GE가 알스톰의 화력발전 부문을 135억 달러에 인수하고, 전력망·재생에너지·원자력터빈 등 3개 부문에서는 알스톰과 50 : 50의 합작회사를 설립하며, 알스톰은 GE의 철도와 운송·신호 사업부를 인수하기로 한 것이다. 처음에 프랑스 정부는 대표 기업인 알스톰의 일부가 미국 회사에 넘어가는 것을 꺼렸다. 그러나 3개 사업 부문의 합작사 설립과 고용 유지 및 1,000여 명 추가 고용, 프랑스 정부의 알스톰 지분 20% 보유에 대한 약속을 받고 인수를 승인했다.

알스톰과 GE의 맞교환으로 철도와 에너지 부문에서 2개의 유럽 챔피언이 탄생할 것이라는 예상이 나오고 있는 가운데, 알스톰은 매각과 인수 과정에서 잠시 매출액과 영업이익률이 주춤하는 모습을 보였지만, 2015년 이후 다시 상승하는 추세를 나타내고 있다.

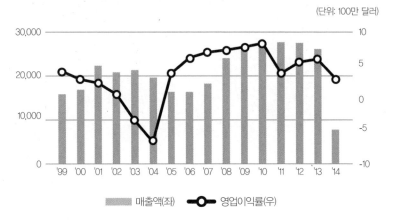

알스톰의 매출액과 영업이익률 추이(1999~2014)

(단위: 100만 달러)

매출액(좌) — 영업이익률(우)

출처: 블룸버그

필립 멜리에(Philippe Mellier) 알스톰그룹 운송 부문 사장은 "철도사업에서 단순한 속도 경쟁은 이제 끝났다"고 말한다. 향후에는 곡선에 강한 고속열차, 무인자동운전, 소형궤도열차 등 다양한 분야에서 경쟁이 활발해질 것이라는 뜻이다. 알스톰은 앞으로 새로운 시스템에 맞는 신호체계, 철도관리서비스 등을 포함한 종합적인 철도사업에 집중할 계획이다.

문화기업으로 탈바꿈한 **부동산기업**

/

완다그룹

"어떤 기업이든, 어떤 비즈니스모델이든 고정불변할 수 없으며, 계속적
인 변화로 기업 발전을 도모하는 것이 과제다."

2015년 5월, 중국 완다(Wanda)그룹의 왕젠린(王健林) 회장은 중국 신
경보(新京報)와의 인터뷰를 통해 앞으로 5년 안에 부동산 중심의 완다
그룹을 서비스업 중심으로 바꾸겠다고 밝혔다. 완다그룹은 현재 다양한
분야에서 사업다각화를 적극 모색하고 있으며, 2020년까지 부동산, 문
화관광, 금융, 소매, 전자상거래 등 5개 업종을 중심으로 사업을 개편하
는 것을 목표로 삼고 있다. 최종적으로는 회사명에서 '부동산' 타이틀을
뺄 것이라고 한다. 왕젠린 회장 특유의 추진력과 행동력을 엿볼 수 있는
대목이다.

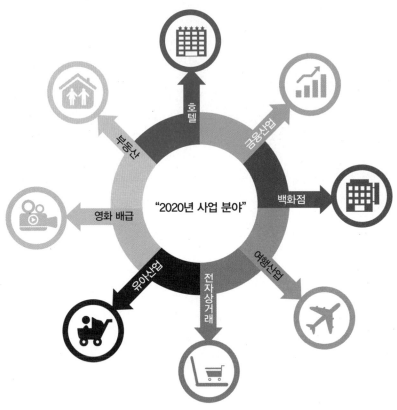

완다그룹의 2020년 사업 목표

"2020년 사업 분야"

호텔
금융산업
백화점
여행산업
전자상거래
유아산업
영화 배급
부동산

출처: 완다그룹 IR 자료

이와 같은 완다그룹의 사업 개편 발표가 더욱 주목을 끄는 이유는 여타 기업들과 큰 차별점을 보이기 때문이다. 본업에 한계를 느껴 사업을 전환하는 다른 기업들과 달리, 완다그룹은 명실공히 중국 최대의 부동산기업으로 승승장구하고 있는 가운데 본업의 전환을 선언하고 나온 것이다.

모두가 'No'라고 할 때, 'Yes'를 말하다

1988년 완다그룹을 설립한 왕젠린 회장은 완다그룹이 중국 3대 부동산기업으로 올라서기까지 강력한 행동력을 발휘해왔다. 그 시작은 1986년으로 거슬러 올라간다.

당시 32살이던 왕젠린은 다롄시 시강구 판공실 비서실장으로 근무하고 있었다. 그런데 시강구에 큰 고민거리가 있었다. 파산 위기에 몰린 주택개발공사를 회생시키는 일이었다. 주택의 평당 가격이 1,100위안인데 노후화된 주택을 개조하는 비용은 평당 1,200위안으로, 배보다 배꼽이 더 큰 상황이다 보니 돈을 들여 개조해도 집은 팔리지 않았고, 결과적으로 시강구는 많은 부채를 떠안게 되었다.

왕젠린은 주택 개발에 문외한이었다. 다만 최신 주택에 관심이 많아 관련 서적들을 들여다보곤 했다. 여기에서 힌트를 얻은 그는 시강구 관료들에게 주택을 개조할 때 서양식 욕실과 창문을 감안하여 고급화할 것을 제안했다. 하지만 반대가 심했다. 관료들은 주민들이 낯선 시설에 거부감을 느낄 것이라며 우려했다. 왕젠린은 소득이 늘어나 사람들이 편리함과 아름다움을 추구할 것이라며 관료들을 설득했다. 결국 치열한 논쟁 끝에 시강구가 그의 의견을 받아들였고, 개조한 주택은 평당 1,580위안에도 아주 잘 팔려나갔다.

시강구에서 성공을 경험한 왕젠린은 부동산업에 자신을 갖게 되었고 그 여세를 몰아 부동산업계에 새로운 바람을 일으켰다. 당시의 부동산업체들은 주택 개발과 임대사업에 매달리고 있었는데, 그는 그들과 다르게 상업용 빌딩에 주목했다. 초대형 상업용 빌딩을 세워 쇼핑몰과 백화점, 오피스와 호텔, 영화관과 KTV(초대형 노래방) 등을 한꺼번에 결합하는 방식이었다. 이번에도 주변의 반대가 심했다. 사업이 항상 잘되는 것은 아니라며, 소규모로 하거나 아예 포기하라고 말리는 사람도 있었다. 하지만 그는 이번에도 강한 행동력을 발휘하여 중국 최초의 복합 쇼핑몰인 '완다광장'을 열고, 다국적 유통업체를 비롯해 영화관, 호텔, 백화점, 레스토랑 등을 입점시키는 데 성공했다.

안주보다 미래를 선택한 왕젠린의 결단

완다그룹은 왕젠린 회장의 행동력을 바탕으로 2006년부터 2014년까지 9년 연속 30% 이상의 높은 성장세를 유지해왔다. 지금은 현 상태에 안주하여 관리만 잘해도 충분히 정상에 머무를 수 있는 부동산기업이다. 하지만 왕 회장은 현실에 안주하기보다 미래를 위해 또다시 과감한 선택을 내렸다. 그는 "부동산 경기가 다시 고조될 것이라는 환상은 품지 말라"고 경고하며 "시대가 변했는데 부동산업이 변화하지 못하면 향후 10년 안에 심각한 위기에 직면할 것"이라고 전망하고, 주력 사업의 방향을 문화산업으로 전환하겠다는 의지를 보였다.

사업 개편을 위한 왕젠린 회장의 행동력에는 거침이 없다. 완다그룹은 2020년까지 세계 영화 시장의 20%를 차지하는 것을 목표로 미국과 영국 등에서 주요 영화사들을 공격적으로 사들이고 있다. 그 외에도 여행사, 스포츠 기업들을 인수하며 사업 영역을 확장해나가고 있다.

완다그룹의 사업 개편 동향

영화	2016년 1월 〈쥬라기 월드〉를 제작한 미국의 영화사 레전더리엔터테인먼트(Legendary Entertainment)를 35억 달러에 인수한다고 밝힘
영화 배급	2012년 5000여 개 스크린을 가진 미국 제2의 영화관 체인 에이엠시(AMC)를 26억 달러에 인수 2015년 중국에서 시장점유율 1위의 영화 사업자로 중국 80여 개 도시에 6,000여 개의 스크린 확보
테마 파크	2020년까지 관광, 레저, 쇼핑시설이 결합된 대형파크인 '완다청'을 중국과 해외 15곳에 조성한다고 발표 → 2014년 중국 우한 소재 영화테마파크 개장식에서 "완다청의 목적은 디즈니와의 경쟁이며, 주력 산업을 문화사업 중심으로 전환할 것"이라고 밝힘
스포츠	2014년 영국의 호화 요트 제작업체인 선시커(Sunseeker)를 3억 파운드에 매입 2015년 세계 2위의 스위스 스포츠마케팅회사 인프런트스포츠 앤드 미디어(Infront Sport & Media) 인수 2015년 이탈리아 축구 마케팅기업 지스포츠(Gsport)와 스포츠09(Sport09) 인수
여행 사업	2015년 영화·문화사업에 여행산업을 결합하겠다는 발상으로 현재까지 11개 여행사 확보 → 2020년까지 20개로 확대할 계획이라고 밝힘

출처: 국내외 언론기사 종합

왕젠린 회장은 이제까지 과감한 결단력으로 목표를 정하고 어떠한 어려움 속에서도 이를 실현하는 남다른 행동력을 보여왔다. 또한 그 행동력으로 기업의 체질을 지속적으로 개선해나가고 있다.

의류기업에서
리튬전지기업으로의 **대변환**

/

닝보산산

1992년 12월 설립된 닝보산산(寧波杉杉)은 중국 의류산업의 선도 기업으로, 20여 년간 지속적으로 성장해왔다. 남성복사업의 불모지나 다름없었던 1990년대 중국의 의류 시장에서 닝보산산의 창업주인 정융강(鄭永剛)은 '브랜드의 다각화와 세계화'를 외치며 중국 의류업계에서 제일 먼저 브랜드 발전 전략을 실행했다.

전기차를 만드는 의류기업

1996년 닝보산산은 설립 4년 만에 중국 증시에 상장했으며, 2002년에는 중국의 남성복 브랜드 기업 2위에 오르는 쾌거를 이룩했다. 하지만 정융강은 남성복 시장에서의 성공에 만족하지 않았다.

향후 중국 전기자동차 시장의 잠재력을 알아본 정융강은 2002년 12

월부터 리튬이차전지 소재사업에 진출하는 결단력을 보여주었다. 리튬이차전지 프로젝트의 공식 출범과 동시에 중국의 닝보, 창사, 천저우, 둥관, 랑팡 등 5개 지역에 6개의 공장과 연구소를 설립하며 리튬이차전지 생산에 돌입했다. 주위 사람들은 기술력도 없이 잘 알지도 못하는 시장에 진출하는 정융강을 보고 전기차가 시기상조일 뿐만 아니라 너무 큰 도박이라며 만류했으나 그는 미래를 위한 과감한 선택을 굽히지 않았다.

2006년 정융강의 선택이 마침내 빛을 발하게 되었다. 의류 시장의 경기 침체와 원가 상승 등의 요인이 복합적으로 작용하면서 닝보산산의 수익성도 크게 떨어지고 말았다. 이때 정융강은 그동안 준비해온 리튬전지 사업으로 주력 사업의 방향을 전환하여 성장 기회를 잡을 수 있었다.

용의 등에 올라타다

'기회는 준비된 자에게 온다'는 말이 있다. 2006년부터 시행된 중국의 11차 5개년 계획에서 '미래 7대 산업' 가운데 하나로 전기자동차가 선정되면서 중국 정부의 대대적인 육성 정책이 펼쳐졌다. 닝보산산은 이를 발전의 기회로 삼아 거대한 리튬전지 생산체인업체로 성장해갔다.

하지만 역시 기술력이 문제였다. 한계를 느낀 닝보산산은 2008년 태양전지모듈업체 유리카솔라(ULICA Solar)의 주식 73.31%를 매입함으로써 기술력을 보강하는 한편, 2010년 일본 토다공업사와 양극재 관련 사업의 합작을 진행하여 리튬전지 시장에서의 경쟁력을 강화했다. 그 결

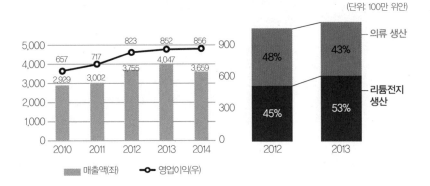

닝보산산의 재무 현황(좌)과 매출 비중(우)

(단위: 100만 위안)

출처: 블룸버그, 중국 경제망

과, 닝보산산은 2013년 말 기준 리튬전지 양극재 생산량에서 중국 1위
와 세계 3위를 기록하며 세계적인 기업으로 올라섰다.

닝보산산의 재무 현황을 보면, 2010년부터 2013년까지 지속적으로 매
출이 성장했다. 그리고 2013년부터는 기존의 주력 사업인 의류사업보다
리튬전지사업의 매출 비중이 높아지게 되었다.

중국 정부는 2011년까지 50만 대를 목표로 했던 전기자동차 생산을
2020년 500만 대로 확대할 계획이다. 이에 따라 닝보산산의 리튬전지사
업은 더욱 성장할 것으로 보인다.

주변의 만류와 반대 속에서도 전기자동차의 수요를 예측하고 과감한
행동력을 보인 닝보산산의 성장은 미래진행형이다.

작은 기업의 해외 진출

/

그루포 빔보

그루포 빔보(Grupo Bimbo)는 흔히 '다윗과 골리앗의 싸움'에서 승리한 다윗 기업으로 이야기된다. 신흥국의 작은 제빵업체로 시작한 그루포 빔보는 현재 북미와 유럽의 대형 제빵기업들을 제치고 세계 22개국에서 100여 개의 브랜드를 보유하며 1만 여 가지의 제품을 생산하는 세계 굴지의 제빵기업으로서 입지를 굳혔다. 그루포 빔보는 이렇게 내수시장을 탈피하여 세계 각지로 발돋움한 대표적 성공 사례로 꼽힌다.

그루포 빔보는 1945년에 설립된 멕시코 기업으로, 작은 업체에서 글로벌 기업으로 성장한 데는 과감한 크로스보더(Cross-border) M&A 전략이 주효했다. 국경을 넘어 해외 기업들에 대한 인수·합병을 적극 추진했던 것이다. 물론 그 배경에는 전략을 선택하고 실행하는 강한 투지와 결단력이 있었다.

골리앗의 등에 올라탄 다윗

그루포 빔보는 2000년대 초부터 본사가 위치한 멕시코에서 해외로 시
야를 넓혀 브라질을 중심으로 한 남아메리카, 중국을 중심으로 한 아시
아로 시장 확대를 추진했다. 주로 현지의 제과점과 제빵기업을 인수하
는 방식으로 신규 시장에서 고객 기반과 시장점유율을 확대해나갔다.

그루포 빔보의 M&A 현황

공시일	인수 대상 기업	대상 국가	규모 (100만 달러)	비고
2014. 12	Saputo Bakery Inc.	캐나다	103.0	2014년 매출액 기준 캐나다 제빵업계 2위인 사푸토주식회사의 베이커리 부문 인수
2014. 07	Supan S.A.	에콰도르	57.0	수팬 인수로 라틴아메리카 내 입지 강화
2014. 02	Canada Bread Company	캐나다	1,360.0	캐나다와 영국에서 글로벌 성장 전략 및 세계 최대 제빵기업으로서의 입지를 강화하기 위함
2013. 03	Hostess Brands	미국	31.9	미국의 호스티스브랜드가 파산한 직후 소고기 스테이크브레드 사업부 인수
2011. 10	Sara Lee Corporation	미국	959.0	북미 제빵사업 부문 새러리 인수
2008. 12	Weston Foods Inc. Alimentos	미국	2,500.0	2009년 당시 미국 제빵 시장의 약 13%를 점유하고 있던 캐나다 제빵기업 조지웨스턴의 미국 자회사 웨스턴푸드를 인수하며 세계 최대 제빵기업으로 부상
2008. 05	Nutrella S.A.	브라질	89.0	브라질의 식빵 및 페이스트리를 생산하는 제빵기업으로 유명한 누트렐라의 인수를 통해 기존 브라질 내 사업을 통합·확대함
2006. 03	Beijing Panrico Food Processing Centre	중국	11.1	중국에 지사를 두고 있던 스페인 제빵기업 팬리코를 인수하여 아시아 시장 진출의 교두보 마련
2002. 01	Western U.S. Baking Business of George Weston Ltd.	미국	610.0	캐나다 토론토에 기반을 둔 조지웨스턴 외 미국 웨스턴 베이커리사업부 인수
2001. 03	Plus Vita Ltd.	브라질	63.5	라틴아메리카 내 사업 확대를 위해 당시 브라질 5대 제빵 브랜드 중 하나인 동시에 2000년 기준 제빵업계 시장점유율 21%를 기록한 플러스 비타 인수
1998. 03	Mrs. Bairds	미국	N/A	1908년 설립된 전통의 가족기업 미세스 베어드를 인수해 미국 내 유통망 확보

출처: Merger Market

2006년에는 처음으로 아시아 시장에 진출하여 중국에 지사를 두고 있던 스페인 제빵기업 팬리코(Panrico)를 1,100만 달러에 인수함으로써 교두보를 확보했다.

그루포 빔보의 크로스보더 M&A 전략은 이후로도 계속되었다. 2009년에는 웨스턴푸드(Weston Foods)를 25억 달러에 인수하여 미국에서 대규모 제빵기업으로 도약할 수 있는 뜀틀을 마련했고, 2011년에 미국 제빵회사 새러리베이커리(Sara Lee's Bakery), 2014년에 캐나다의 캐나다 브레드(Canada Bread)를 인수하는 공격적인 행보를 이어갔다. 결과는 성공적으로, 그루포 빔보의 2014년 매출액 가운데 60%가 해외에서 발생하게 되었다.

다소 공격적으로 보이는 그루포 빔보의 전략이 성공할 수 있었던 요

그루포 빔보의 매출액 및 영업이익 추이

(단위: 100만 페소)   (단위: 100만 페소)

매출액 8.5배 증가

187,051

22,026

■■■ 매출액(좌) —O— 영업이익(우)

출처: 블룸버그

인은 뭘까? 그루포 빔보는 단순히 선진국의 제빵회사들을 인수하는 것에 그치지 않고 그 안의 노하우를 습득하여 실제 경영에 응용하는 한편, 글로벌 시장점유율을 확대하는 포석으로 삼았다. 또한 큰 규모에다 유연성까지 갖춘 멕시코 공장의 운영 경험을 살려 해외에서 인수한 시설들을 자사의 기준에 맞게 업그레이드했다. 자사의 경험과 유통 역량을 십분 활용하고, 해외 기업들의 노하우를 발전적으로 흡수하여 글로벌 시장에서 큰 어려움 없이 사업을 확장해나갈 수 있었던 것이다.

멈출 줄 모르는 성장의 기관차

그루포 빔보는 1980년 중남미의 외채위기, 1995년 멕시코의 페소화 위기가 닥쳤을 때도 계속해서 성장했다.

페소화는 1994년 12월 19일, 1달러당 3.5페소의 환율을 기록하다가 정부가 환율 인하를 단행하면서 빠른 속도로 평가절하되어 1년 뒤인 1995년 12월 말에는 1달러당 5.3페소에 이어 7.7페소까지 폭락한 바 있다. 단기간에 가치가 100% 이상 하락한 페소화 위기는 멕시코 시장에 투자한 해외 기업들의 철수와 국내 기업들의 도산이라는 결과를 불러왔다. 이와 같은 상황에서도 그루포 빔보는 1996년에 전년 대비 매출액 16.2%, 영업이익 34.8%라는 놀라운 성장을 이룩했다. 멈출 줄 모르는 성장의 기관차와도 같았다.

그루포 빔보는 마침내 〈포브스〉의 '2014 세계 100대 혁신 기업'에 선정되었고, 혁신 성공의 모범으로 세상의 주목을 끌고 있다.

지속적 연구개발이 일구어낸 쾌거

/

한미약품

기업의 연구개발(R&D)은 미래의 먹거리 사업을 발굴하기 위해 반드시 필요하지만, 당장 이익을 낼 수 있는 부분은 아니다. 따라서 이를 지속적으로 추진하기 위해서는 무엇보다 강한 신념과 행동력이 요구된다.

제약산업은 연구개발이 사업의 승패를 좌우한다고 해도 과언이 아니다. 특히 다른 산업보다 오랜 기간이 필요한 데다 임상 단계별로 까다로운 검증절차를 거쳐야 하기 때문에 연구개발은 사업상 위험성이 크다. 첨단신약산업의 경우에는 연구결과물의 상용화가 성공하리라는 보장이 없기 때문에 상황이 좋지 않을 때에도 흔들리지 않고 연구개발 투자를 지속할 수 있는 기업의 확고한 의지가 요구된다.

한미약품은 위험을 감수하고 뚝심 있게 연구개발을 추진한 대표 기업이다. 그러한 노력이 빛을 발하여 최근에는 일라이 릴리, 베링거인겔하

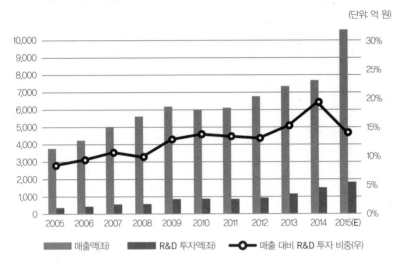

한미약품의 매출과 연구개발비 증감 및 매출 대비 연구개발비 비중

(단위: 억 원)

범례: ■ 매출액(좌)　■ R&D 투자액(좌)　─○─ 매출 대비 R&D 투자 비중(우)

출처: 증권사 자료 종합

임, 사노피, 얀센 등 글로벌 제약사들과 총 8조 원 규모의 기술 수출계약을 체결했다. 누적되는 적자에도 불구하고 꾸준히 연구개발에 투자하는 끈기 있는 노력과 판단이 이런 성과를 가능하게 한 원동력이었다.

R&D의 생명은 연속성

다른 제약기업들이 연구개발 투자에 소극적인 것은 아니다. 다만, 최소 10년이라는 긴 시간이 필요한 신약개발이라는 분야에서 투자를 해도 성공을 보장하지 못하는 점은 기업에 큰 부담으로 작용한다. 더욱이 정부가 국내 제약사들을 보호한다는 명목으로 만들어놓은 조치들은 제약사들이 복제약의 생산만으로 안정적인 수익을 향유할 수 있게 했다.

　이러한 환경에서 위험을 감수해야 하는 신약개발사업에 대한 투자는 큰 도전이 아닐 수 없다. 한미약품의 경우 2007년 이후 매출액의 10% 이상을 꾸준히 연구개발에 투자해왔다. 2014년에는 투자 비중을 20%로 증애시키며 더욱 공격적인 투자를 했는데, 최근 10년간 R&D투자액은 누적 8,000억 원대로 국내 제약업체들 가운데 가장 높은 수준이다. 한미약품의 큰 성공은 어떻게 보면 묻지마 투자라고 할 만큼의 과감하면서도 지속적인 연구개발에 바탕을 두고 있다.

행동력을 바탕으로 한 노력

　기업이 '노력(努力)'한다는 것은 사전적 의미인 '목적을 이루기 위하여 있는 힘을 다해 부지런히 애를 씀'만을 뜻하는 것이 아니다. 외부 환경에 흔들리지 않는 지속적인 노력에 더하여 적절한 시기에 이익을 가시화

한미약품이 맺은 주요 기술수출계약

계약연도	대상 기업	물질(제품) 및 기술	규모
1989	로슈	항생제 제조기술	600만 달러
1997	노바티스	약물전달기술	6,300만 달러
2011	카이넥스	항암신약 오락솔·오라테칸	3,400만 달러
2014	스펙트럼	다중표적 항암신약(포지오티닙)	계약규모 비공개
2015. 3	일라이릴리	면역질환치료제(HM71224)	6억 9,000만 달러
2015. 7	베링거인겔하임	폐암치료제(HM61713)	7억 3,000만 달러

출처: 한미약품

하기 위한 행동력이 수반되어야 하는 것이다. 한미약품의 최근 행보는 이러한 행동력을 여실히 보여준다.

한미약품이 오랜 시간 연구개발을 통해 만들어낸 신약개발 기술을 지속적으로 발전시켜갔더라면 최종적으로 신약제품을 완성하고 시장 출시를 통해 더 큰 수익을 노려볼 수 있었을 것이다. 그러나 한미약품의 경영진은 욕심을 배제한 과감한 행동을 택했다. 현재 시점까지 개발된 신약기술이 추후 임상 단계를 통과하려면 단계적으로 추가 자본이 투입된다. 따라서 필요한 자본을 확보하고 만에 하나 임상 단계를 통과하지 못할 경우에 대한 사업적 위험을 고려하여 조기에 글로벌 기업으로 기술을 이전함으로써 수익을 확보한 것이다.

한미약품은 '신약개발은 목숨과도 같다'는 경영진의 확고한 신념을 바탕으로 내외부의 사업적 불확실성에도 불구하고 지속적으로 투자했으며, 특정 시점에 이르러서는 발 빠른 판단력을 통해 이를 성과로 연결시키는 행동력을 보여주었다.

기업의 행동력은 단순히 사업적 의사결정을 내리는 부분에 국한되지 않는다. 어려운 시기에도 사업적 뚝심을 바탕으로 기업의 확고한 의지를 행동으로 보여줄 수 있어야 한다. 그런 측면에서 위험을 감수한 한미약품의 지속적인 연구개발 추진은 강력한 의지를 기반으로 한 기업 행동력의 좋은 본보기라고 할 수 있다.

8

100년 후

기업의 미래

사라지는 기업들

/

단명 기업, 장수 기업

심리학에서 말하는 리질리언스는 '사람이 살면서 겪을 수 있는 크고 작은 역경과 어려움을 도약의 발판으로 삼아 발전하는 것'이다. 같은 위기라도 누군가는 극복하지 못해 쓰러지고, 다른 누군가는 거뜬히 극복하여 성공적인 인생을 살아간다. 기업도 마찬가지다. 위기 때마다 이를 회피하고 과거에 안주하다가 사라지는 기업이 있는가 하면, 위기를 정면 돌파하면서 더 강해지고 장수하는 기업이 있다.

인간과 기업이 다른 점은 수명이다. 의식주의 개선과 의료기술의 발달로 인간의 수명이 길어지고는 있지만 생물학적인 한계로 태어날 때부터 죽음이 예고되어 있다. 반면에 기업의 태생은 영속성을 전제로 하며, 생물학적 수명이 따로 존재하지 않는다. 삼국시대 백제인 유중광이 설립한 일본의 건축회사 곤고구미(金剛組)는 578년부터 현재까지 1,438년의 수명을 자랑한다. 프랑스 와인회사 샤토 드 굴랭(Château de Goulaine) 역시 1000년 이상 명맥을 이어오고 있다.

그렇다면 기업은 영원불멸인가? 그렇지 않다는 사실을 우리는 너무나 잘 알고 있다.

짧아지는 기업 수명

2015년 말 통계청에서 발표한 기업생멸 통계에 따르면, 신생 기업이 5년간 존속한 경우는 고작 29%에 불과한 것으로 나타났다. 또한 대한상공회의소(2011)의 조사 자료에 의하면, 우리나라 1,000대 기업의 평균수명은 27.3년이고, 중소 제조업체의 평균수명은 12.3년이다. 사람으로 치면 한창 일할 나이에 소멸하는 것이다.

글로벌 기업이라고 해도 별반 다르지 않다. 〈포브스〉(2011)에 따르면, 글로벌 100대 기업의 평균수명은 30년에 불과하며, 세계 일류 기업이 70년간 유지될 확률은 고작 18%에 그치는 것으로 조사되었다. 맥킨지가 지난 20세기 기업들의 평균수명을 조사한 결과도 마찬가지다. 1935년만 해도 90년에 달하던 기업의 평균수명이 1955년에는 45년, 1970년에는 30년으로 줄었으며, 1995년에는 22년, 2005년에는 15년 정도로 떨어졌다. 글로벌 컨설팅기업 액센추어(2010)의 조사 결과에서도 'S&P 500 지수' 편입 기업의 평균수명이 1990년 50년에서 2010년 15년으로 단축되었으며, 2020년에는 10년이 될 것으로 나타났다.

산업별 기업의 생존율

(단위: %)

산업 대분류	1년 생존율	2년 생존율	3년 생존율	4년 생존율	5년 생존율
전체	60.1	47.3	38.2	32.2	29.0
제조업	68.9	57.5	49.2	41.7	37.9
건설업	62.5	47.8	37.0	31.5	25.2
도·소매업	55.6	42.5	33.7	28.4	25.0
운수업	72.6	61.7	53.2	48.9	42.3
숙박·음식점업	55.6	39.5	28.5	21.5	17.7
출판·영상·정보	59.9	49.7	37.3	29.4	25.0
부동산·임대업	66.9	58.4	52.9	47.3	43.3
전문·과학·기술	63.9	49.6	43.9	36.5	32.2
사업서비스업	56.2	41.2	31.3	26.5	22.4
교육서비스업	58.3	45.4	34.4	28.5	24.7
보건·사회복지	67.8	56.9	42.2	36.8	38.0
예술·스포츠·여가	54.0	40.5	27.6	18.9	14.3
개인서비스업	58.3	47.0	40.0	33.2	29.0

출처: 통계청(2015), 기업생멸 행정통계 결과

성공 방정식을 다시 써라

기업의 평균수명 단축은 카오스(CHAOS) 환경에 기인한 것으로 볼 수 있다. 사회적 복잡성의 증대와 ICT기술 발달에 따른 정보 이동 속도 증가로 소비자들의 니즈 변화에 신속하게 대응하지 못하는 기업은 생존이 위태롭다. 게다가 세계적인 경제 성장 둔화 추세에 따라 전통적인 재화와 서비스의 수익성이 지속적으로 하락하는 가운데 기업들이 과거와는 전혀 다른 비즈니스모델을 요구받고 있다. 또한 산업 간 경계가 허물어지면서 절대우위의 첨단기술을 가진 기업이 갑자기 출현하여 기존의 시장 질서를 재편하는 일도 심심찮게 일어나고 있다.

앞으로 과거의 성공 방정식을 고수한 채 새로운 가치를 창출해내지 못하는 기업은 전보다 더욱 빠르게 시장에서 퇴출될 것으로 보인다. 어떻게 해야 할까?

기업이 시장에서 사라지는 비참한 운명을 맞지 않으려면 '영속성'을 획득해야 한다.

일류 기업은 장수할까?

/

기업의 진정한 가치, 영속성

한때 최고의 영화를 누린 기업이라도 이를 수십 년간 지속하기란 매우 어려운 일이다. 〈비즈니스위크〉에 따르면, 기업이 시가총액 기준으로 전 세계 100위권을 유지하는 기간은 평균 4.8년에 불과하다. 우리나라의 경우에도 1965년의 100대 기업 중 2015년 현재 16개 기업만이 살아남았다. 그중에서도 LG전자, 기아자동차, 현대건설, 대림산업, CJ, 한화, 제일모직, 한국타이어, 대상, 코오롱, 대한전선, 태광산업 등 12개 기업만 100위권을 지켰다. 지금 당장 잘나가는 일류 기업이 장수기업의 충분조건이 될 수는 없다.

그렇다면 장수기업은 일류 기업일까? 일치하지는 않지만 어느 정도 연관성은 존재한다. 2004년 말 〈포춘〉에서 발표한 미국의 매출 상위 30개 기업과 〈비즈니스위크〉가 선정한 글로벌 1,000대 기업 중 미국에서 시가총액 상위 30개 기업에 공통으로 속해 있는 기업이 17개이고, 이 중 70%인 12개 기업이 100년 가까운 역사를 가지고 있다.

기업이 추구해야 할 가치

기업이 추구해야 하는 진정한 가치는 무엇일까? 예로부터 사람들은 무병장수를 가장 큰 축복으로 여겼다. 종교적으로 차이가 있지만, 사후에도 천국이나 극락에서의 영원한 삶을 소원했다. 기업의 가장 큰 가치역시 영속성에 있다. 영속성을 추구하지 않는 기업은 진정한 의미에서 경제의 주체라 할 수 없고, 한 세대의 창립자나 오너의 인격에 따라 좌우되는 객체에 불과할 따름이다.

기업은 여러 세대를 거치면서 수많은 집단지성의 집합체가 독립된 주체로 유지될 때 영속성을 갖게 된다. 뛰어난 리더십을 가진 오너의 사후에도 기업이 영속성을 갖기 위해서는 조직 고유의 집단지성 속에 오너의 정신적 유산이 녹아들어가야 한다. 오직 오너 개인의 판단에만 의존하는 기업은 결코 영속성을 가질 수 없다.

집단지성 플랫폼을 건설하라

/

영속성의 전제 조건

집단지성은 미국의 곤충학자 윌리엄 모턴 휠러(William Morton Wheeler)가 1910년 그의 저서 《개미: 그들의 구조, 발달, 행동(Ants: Their Structure, Development and Behavior)》에서 처음으로 제시한 개념이다. 개미는 개체로는 미미한 존재이지만 집단의 협업을 통해 엄청난 힘을 발휘한다. 흰개미들은 마치 한 몸처럼 움직이는 집단의 힘으로 4m 높이의 거대한 개미집을 만든다. 휠러는 이러한 흰개미 집단을 '초유기체(superorganism)'라고 정의했다. 흰개미 각각이 지닌 능력의 총합을 훨씬 뛰어넘는 집단지능을 보여준다는 것이다.

미국의 저널리스트 제임스 서로위키(James Surowiecki)는 《대중의 지혜(The Wisdom of Crowds)》라는 저서에서 다양한 문제가 주어졌을 경우 한 개인이 집단보다 일관되게 나은 결과를 지속적으로 내릴 가능성은 거의 없으며, 집단은 집단 내부의 가장 우수한 개체보다 지능적이라고 주장했다. 그에 따르면, 유리병에 850개의 구슬을 넣고 개수가 몇 개인지를 알아맞히는 실험에서 전체 응답자들이 답변한 평균값은 871개로 나타났다. 그런데 이 평균값보다 더 정확한 답을 내놓은 개인은 아무도 없었다.

'초유기체'의 지성

모든 것을 연결하는 ICT기술이 산업 간 경계를 무너뜨리고 있는 상황에서 조직의 일개인이나 소수가 순간순간의 변화를 감지하고 새로운 아이디어를 제시하여 대응하는 것에는 한계가 있다. 아무리 뛰어난 개인이라 하더라도 모든 의사결정 과정에서 항상 정답을 제시할 수는 없으며, 기업의 영속성을 생각할 때 바람직하지도 않다.

오늘날과 같은 카오스의 시대에 기업이 지속적인 혁신을 수행하며 영속성을 갖기 위해서는 흰개미 집단과 같은 '초유기체'의 집단지능을 발휘할 수 있어야 한다. 이를 위해 기업은 개인의 지성과 영감을 자유롭게 교환할 수 있는 집단지성 플랫폼을 우선적으로 구축해야만 한다.

리질리언스가 있는가

/

영속성의 필요 조건

기업이 영속하기 위해서는 크고 작은 수많은 위기를 이겨내야 한다. 주기적으로 찾아오는 불황 같은 경기 변동에도 슬기롭게 대처해야 한다.

그동안 기업은 '예측'을 통해 위험을 선제적으로 방어하기 위해 데이터를 축적해서 계량화하는 일에 몰두했다. 하지만 예측은 기업의 영속성을 위해 필요한 요소이기는 하지만, 그 자체로 충분하지는 않다. 오히려 빗나간 예측으로 더 큰 위험에 빠질 수도 있다.

최근의 저유가를 예로 들어보자. 석유를 탐사하고 생산하는 기업은 유가에 따라 수익에 큰 차이가 발생한다. 2014년 국제에너지기구(International Energy Agency, IEA)를 비롯한 주요 에너지 기관들은 유가 변동을 예측하면서 2015년 하반기에 유가가 상승할 것으로 내다보았다. 그러나 2015년 말 유가는 2014년 하반기의 60달러보다 절반 가까이 하락한 35달러에 거래되었다. 에너지 기관들의 예측에 의존했던 샘슨 리소스 등의 자원개발(E&P, Exploration & Production) 기업들은 줄줄이 도산했다. 2015년 4분기 미국에서만 최소 9곳의 기업이 파산했고, 이는 2008년 금융위기 이후 최대 수치로 기록되었다.

회복을 넘어 도약으로

예측은 기업의 영속성을 담보하지 못한다. 예측은 어디까지나 예측이며, 직관적으로나 확률적으로 조금 더 높은 가능성을 제시해줄 뿐이다. 위기는 항상 예측하지 못한 상황에서 찾아오므로 기업이 영속성을 갖기 위해서는 신속하고 적절한 대응 역량이 반드시 필요하다. 예측을 어렵게 하는 복잡성이 증대되는 가운데 불가측의 위기로부터 회복하는 리질리언스의 중요성이 강조되는 까닭이 여기에 있다.

카오스 시대에 기업이 미래의 영속성을 담보하기 위해서는 사전적 예측을 넘어서야 한다. 충격을 받기 전의 상태로 복귀하는 회복을 넘어서 한층 더 앞으로 도약해나가는 '바운스 포워드(Bounce Forward)'의 방향으로 리질리언스가 발현되어야 한다.

사람은 다쳤을 때 수술을 받지만, 아물어가는 과정은 체내에서 작동하는 회복력의 기제에 의존한다. 체내에 이를 작동시키는 DNA가 존재하기 때문이다. 마찬가지로 기업이 충격을 딛고 도약하기 위해서는 조직 내부의 리질리언스가 발현되어야 하며, 이를 가능하게 하는 DNA를 갖고 있어야 한다. 인·극·행을 갖추어야 하는 이유가 여기에 있다.

리질리언스는 어떻게 작동하는가

/

인·극·행의 발현을 위하여

우리는 카오스 시대에 기업의 생존 비밀이 리질리언스에 있으며, 리질리언스의 요소를 인지력, 극복력, 행동력으로 정의했다. 아울러 사례 분석을 통해 기업의 인·극·행이 어떻게 작동되는지를 살펴보았다. 그 과정에서 각기 다른 산업과 업종, 시장 상황에도 불구하고 리질리언스가 발현되는 기업들에서 보이는 유형의 특징을 발견할 수 있었다.

인지력의 발현, 중지(衆智)를 모아라

탁월한 인지력을 발현하는 기업들의 특징은 집단지성과 리더의 통찰력으로 요약된다. P&G, 로열더치셸, 다임러, BMW, 지멘스, IBM, 구글은 조직의 집단지성을 통해 인지력을 발휘했으며, 소프트뱅크와 알리바바는 오너가 탁월한 선견지명을 보였다.

오너의 통찰력으로 인지력을 발휘한 소프트뱅크는 최근 비전제작위원회를 통해 손정의 회장의 리더십을 집단지성으로 이식하려는 노력이 한창이다. 알리바바는 역사가 길지 않은 기업으로 현재의 인지력을 미래에도 지속적으로 발현하기 위해서는 리더인 마윈의 통찰력을 조직이 계승하도록 할 필요가 있다.

집단지성을 활용하는 기업들의 특징을 세분해서 보면, 전문가그룹의 집단지성을 활용하는 기업과 대중의 집단지성을 활용하는 기업으로 나눌 수 있다. 전문가그룹의 집단지성에 대한 중시는 특정 집단의 통찰력이 일반 집단의 통찰력보다 뛰어나다는 것을 전제로 한다. '파레토의 법칙(80-20 rule)'에서 말하는 것처럼 전체보다 부분이 더 좋은 결과를 가져온다는 것이다. 이와 같은 인식에는 대중의 집단지성은 정보의 정확성이 떨어진다는 생각이 깔려 있다. 그들의 정보는 검증에 어려움이 있기 때문이다.

반면에 대중의 집단지성을 중시하는 기업은 소수의 전문성보다 다수의 지혜가 낫다는 인식을 갖고 있다. 이는 평범하지만 다양한 구성원들로 이루어진 집단이 특수하지만 제한적인 집단에 비해 문제해결 성과가 더 우수하다는 '다양성 집합 능력의 법칙(Diversity Trumps Ability Theorem)'에 근거한다. 특히 정보통신기술의 발달로 과거에는 전문가들이 관리했던 정보를 누구나 손쉽게 접할 수 있게 되면서 역할이 축소된 전문가들보다 다수의 다양한 의견이 더 중요해졌다고 보는 것이다.

전문가그룹의 집단지성을 활용하는 대표적인 기업들은 P&G, 구글, 다임러, 로열더치셸 등이다. P&G는 사업 영역별로 데이터 분석 전문가들이 모여 시장의 니즈를 과학적으로 분석하고 결과를 공유한다. 구글은 각지에 흩어져 있는 IT 전문가를 섭외하여 인공지능팀과 머신러닝 팀을 조직하고 미래의 기술 개발을 주도하고 있다. 로열더치셸과 다임러도 조직 내 전문가그룹을 활용하지만 특정 분야에 국한되지 않는 다학제적 구성이 눈에 띈다. 로열더치셸은 정치·경제·사회·과학 등 각 분야의 전문가들로 구성된 시나리오팀이 미래를 예측하여 준비하고 있으며, 다임러 역시 다양한 분야의 전문가들로 이루어진 전략 조직인 STRG(Society and Technology Research Group)를 운영하고 있다.

BMW와 지멘스는 조직 내부의 전문가와 외부의 전문가를 연계한 집단지성 체제를 갖추고 있다. 복잡성이 증대하는 사회에서는 내적 자원을 잘 활용하는 것만으로는 경쟁에서 이길 수 없고, 기업의 시장환경과 연관된 전후방 산업과의 협업이 필요하다. BMW의 전략 조직인 모빌리티 리서치 센터는 자동차 부품회사, 철도회사, 항공사, 정부부처, 통신회사 등과 연계한 협업적 네트워크를 구축하고 있다. 자동차를 넘어 다른 산업과 함께 통합적 시각에서 미래 사회를 구상하려는 것이다. 지멘스의 미래연구팀 PoF(Picture of the Future)는 정치인, 공무원, 기업가 등 각계 전문가 116명을 대상으로 설문조사를 벌여 미래 사회의 메가트렌드를 도출하고, 이에 따라 비전을 설정하고 사업 개편을 단행한다.

IBM은 대중적인 집단지성을 활용하여 인지력을 발현한다. 온라인 토론장인 이노베이션 잼에서 직원, 가족, 협력사, 업계관계자, 고객 등이 특정 주제를 놓고 3, 4일간 토론을 진행하는데, 참여 인원이 40만 명에 이른다. 여기에서 5만 2,000개의 아이디어가 나왔고, IBM은 이를 면밀히 검토하여 신사업으로 연결하고 있다.

인지력을 발현하는 기업들의 사례를 종합해보면, 운영 방식의 차이만 있을 뿐 모두가 체계적인 집단지성시스템을 통해 중지(衆智)를 모으고, 그 결과를 바탕으로 기업의 미래를 준비한다는 사실을 확인할 수 있다.

상생과 원천을 중시하고 적시에 움직여라

극복력의 발현은 협력사와의 상생, 원천기술 활용, 시장 모니터링을 통한 민첩한 대응으로 이루어진다. 위기가 닥쳤을 때 기업들이 흔히 생각하는 것이 구조조정이다. 또한 원가절감을 위해 협력업체에 낮은 단가를 요구하고 이에 응하지 않을 경우 업체를 교체하기도 한다. 그럼에도 불구하고 수많은 기업들이 위기 극복에 실패한다.

이러한 면에서 토요타는 협력업체들과의 상생을 통해 원가절감에 성공한 특별한 경우다. 토요타는 협력업체에 지급할 대금을 최우선적으로 확보하는 전통을 지켜왔다. 납품가를 낮추기 위해 압력을 가하지도 않는다. 상호 신뢰를 바탕으로 합리적인 원가절감 목표를 세우고 해당 업체와 함께 고민한다. 이것이 바로 '토요타 생산방식(Toyota Production System, TPS)'이다. TPS는 생산성 향상을 위해 협력업체와 함께 과잉생산 및 과다 재고 등을 배제함으로써 제품의 생산원가를 원천적으로 절감하는 토요타의 시스템이다. 이에 힘입어 토요타는 2008년 리먼쇼크와 2009년 급발진 문제로 인한 리콜 사태의 위기를 극복할 수 있었다.

사업의 원천(源泉)을 기반으로 극복력을 발현한 기업으로는 올림푸스와 후지필름이 있다. 2000년대 올림푸스는 정보커뮤니케이션사업에 막대한 자금을 투자했다가 실패했는데, 그때 올림푸스를 구해낸 것이 본업인 의료기기였다. 부진한 부문을 정리하고 다시 의료기기에 집중함으로써 과거 올림푸스의 위상을 되찾을 수 있었다.

후지필름은 자신의 원천기술에 집중하여 위기를 극복한 경우다. 디지털카메라의 출현으로 후지필름과 함께 세계 3대 필름회사였던 미국의 코닥과 독일의 아그파포토는 문을 닫는데, 후지필름은 살아남는다. 코닥과 아그파포토는 디지털카메라와 싸운 반면, 후지필름은 원천기술인 화학에 집중한 결과였다. 색깔이 바래지 않게 하는 항산화 기술로 노화방지 화장품을 개발하여 시장에서 폭발적 인기를 모은 것이다.

빠르게 변화하는 시장에서 새로운 먹거리를 찾는 일은 분명 필요하지만, 가장 잘할 수 있는 부문을 계승, 발전시키는 것도 활로를 여는 대안이 될 수 있다. 물론 시장의 변화를 도외시해서는 안 된다.

소비자들의 요구 변화에 민첩하게 대응하는 것 또한 중요하다. 메이시스는 2000년대 후반 소비 침체와 더불어 온라인쇼핑업체라는 새로운 도전자의 등장으로 매출이 급감하는 위기를 맞는데, 시장 모니터링을 통해 변화된 소비자들의 요구를 파악하고 적시에 온라인과 오프라인을 연계하는 '옴니채널'을 구축하여 빠르게 위기에서 탈출할 수 있었다.

기업의 수익은 수요자로부터 나온다. 하지만 수요자의 요구는 끊임없이 많아지고 변하기 마련이다. 이러한 변화를 지속적으로 모니터링하고 시의성 있게 준비하는 기업만이 강한 극복력으로 위기를 헤쳐나갈 수 있다.

행동력의 발현, 과감히 변신하라

행동력의 발현은 외부 환경의 변화에 따른 과감한 사업 전환, 선도적 개척, 전략의 일관성으로 요약할 수 있다. 위기가 닥쳤을 때 과거의 영광을 버리기란 쉽지 않은 일이다. 그러나 GE, 알스톰, 닝보산산은 변화를 기꺼이 받아들여 사업을 근본적으로 전환했다. 행동력을 발현하려면 과거의 영광에 대한 집착으로부터 벗어나야 한다는 교훈을 깨닫게 해준다.

GE는 2014년 100년 전통의 가전사업을 매각하고 그룹 수익의 절반 이상을 차지했던 금융 부문을 정리한다. 그러면서 '산업인터넷'을 바탕으로 2020년까지 세계 10대 소프트웨어회사가 되겠다고 선언했다. 모든 기계가 소프트웨어로 작동되는 최근의 환경 변화에 따라 과감하게 전통사업을 버리고 트랜스포메이션(transformation)을 실행한 것이다. 과감한 변신 이후 GE의 주가는 꾸준히 상승하여 2015년 말 7년 만에 최고치를 기록했다.

테제베(TGV)를 생산하던 알스톰은 철도사업의 중심이 새로운 노선을 건설하고 기관차와 객차를 공급하는 것에서 신호체계와 교통량 관리 등 소프트웨어 쪽으로 이동함에 따라 소프트웨어 운영·관리 회사로 변신한다. 과거에 기관차를 비롯한 하드웨어 매출 비중이 60%에 달했던 알스톰은 현재 매출의 67%를 신호체계 등 소프트웨어에서 올리고 있다.

닝보산산은 중국 남성복 브랜드 2위로 중국을 대표하는 의류기업이었으나, 중국에서 전기차 시장의 성장 가능성을 보고 과감하게 리튬전지

기업으로 방향을 틀었다. 새로운 분야에 대한 기술력 부족을 M&A와 사업합작을 통해 해결하면서 현재는 리튬전지 양극재 생산량에서 중국 1위, 세계 3위를 달리고 있다.

　기업의 행동력은 개척정신(pioneer spirit)으로 발현된다. 미국에서 아마존이 등장하기 전에 상품 배송은 페덱스와 같은 물류업체들에 아웃소싱하는 것이 관행이었다. 그러나 아마존은 주문과 물류가 이원화되어 있던 관행을 깨고 이를 통합한 주문이행센터를 운영하여 배송 속도를 높였다. 아마존은 여기서 멈추지 않고 예상배송서비스, 무인기를 이용한 배송 등을 계획하며 끊임없이 새로운 영역을 개척해나가고 있다.

　일관된 전략 역시 행동력을 발현하기 위해 필요한 요소다. 178년의 역사를 가진 존디어가 오랜 기간 세계 농기계 시장을 주도할 수 있었던 것은 변함없는 전략으로 지속적인 혁신을 추구하며 R&D에 대한 투자를 게을리하지 않았기 때문이다. 존디어는 협력업체와 함께 3년간 연구개발을 진행한 뒤 부품을 공급받는다. 상대 업체가 기술과 품질을 향상시킬 수 있는지 잠재력을 보는 것이다. 또한 매출의 4%를 R&D에 투자한다. 이러한 존디어의 R&D에 대한 '고집'이 오늘날 농업을 IT와 접목한 6차 산업으로 성장시키는 혁신의 원동력이 되었다.

/

맺는말

저성장기를 돌파하는 힘

/

　글로벌 경제가 오랜 침체기를 겪으면서 이제는 '저성장의 장기화'가 현실이라는 점을 인정하지 않을 수 없게 되었다. 성장의 둔화와 불확실성이 가중되는 경영환경 속에서 기업들은 저마다 생존과 성장의 해법을 찾아 오늘도 고군분투하고 있다.

　미래를 예측하고 대비할 수 있는 역량을 보유하는 것은 모든 기업의 최우선 과제다. 하지만 환경이 시시각각으로 변하고, 언제 어디서 어떤 변수가 튀어나올지 모르는 복잡성의 현대사회에서 이는 희망사항일 뿐이다. '미래는 예측하는 것이 아니라 만들어가는 것'이라는 말이 있듯이, 불시에 닥치는 위기에 재빠르게 대응하며 기업이 실현하고자 하는 미래를 향해 한 발 한 발 나아가는 것이 최선일 수 있다.

　그러기 위해서는 먼저 '살아 있는' 기업이 되어야 한다. 어떤 위기도 능히 극복할 수 있어야 하며, 생존을 넘어 새로운 성장과 도약의 발판을 마련해야 한다. 이 책은 그러한 기업들에게 도움을 주기 위해 기획, 집필되었다.

우리는 이 책에서 '뉴노멀'과 '카오스'로 대변되는 이 시대에 기업들이 갖추어야 할 가장 중요한 역량으로 '리질리언스(resilience)'를 제시하며, 당면한 위기를 더 큰 성장의 기회로 전환시킨 기업들의 구체적 사례를 통해 리질리언스를 강화하고 발현하는 현장의 모습을 들여다보았다. 그들은 변화의 흐름을 통찰하는 인지력(認知力), 위기를 이겨내는 극복력(克復力), 과감하고도 지속적인 행동력(行動力)으로 난관을 뛰어넘어 오늘의 성취를 이루어냈다.

　지금 이 순간에도 시장은 끊임없이 변화하고 있고, 세계 곳곳에서 갈등과 충돌이 일어나고 있다. 첨단기술이 모든 경계를 해체시키는 동시에 융합을 주도하고 있다. 그 속에는 가능성도 있지만, 위험 요소도 적지 않다. 어떻게 대응하고 무엇을 선택할 것인가에 대한 하나의 해법은 없다. 분명한 사실은 어떠한 상황에서도 기업의 영속성을 획득해야 한다는 것이다. 갈수록 짧아지는 기업의 수명을 생각하면 이보다 절실한 과제도 없다.

　짙은 안개와도 같은 글로벌 경제·정치·사회·기술 환경 속에서 고민이 깊은 독자들에게 이 책이 내비게이션이 되어 새로운 활로를 여는 데 도움이 되기를 바란다. 불투명한 경영환경에서 무엇을 우선시하고, 어떻게 변화해나가야 하는가에 대한 유용한 지침이 되어, 우리 기업들이 저성장기를 돌파하는 리질리언스 기업으로 거듭해서 성장해나가기를 진심으로 기원한다.